ENTRETIENS SUR LE FILS NATUREL
PARADOXE SUR LE COMÉDIEN

C. S. Ramsay

DENIS DIDEROT

PARADOXE
SUR
LE COMÉDIEN

précédé des

ENTRETIENS SUR LE FILS NATUREL

Chronologie et préface

par

Raymond Laubreaux

GF

FLAMMARION

© 1981, FLAMMARION, Paris.

CHRONOLOGIE

1713 (5 octobre) : Naissance à Langres de Denis Diderot, fils de Didier, maître-coutelier.

1723-1728 : Etudes à Langres, chez les Jésuites.

1728 : Diderot vient poursuivre ses études à Paris.

1732 (2 septembre) : Reçu Maître ès arts de l'Université de Paris.

1732-1743 : Années de bohème. Diderot, un temps clerc de notaire, fréquente les cafés à la mode, s'endette et lit énormément.

1741-1742 : Diderot commence à courtiser Antoinette Champion et, d'autre part, se lie d'amitié avec Jean-Jacques Rousseau.

1742 (Décembre) : Retour à Langres, sans oser avouer à son père son projet de mariage.

1743 : Diderot a avoué ses intentions matrimoniales à son père, qui le fait enfermer dans un couvent. Il s'en échappe et regagne Paris.
(6 novembre) : Mariage, à minuit, à Saint-Pierre-aux-Bœufs avec Antoinette.
La même année, publication de l'*Histoire de la Grèce*, de Temple Stanyan, qu'il a traduite de l'anglais.

1744 : Diderot collabore à la traduction du *Dictionnaire de médecine* de Robert James.
(Août) : Naissance d'une fille, morte en bas âge.

1745 : Traduction de l'*Essai sur le mérite et la vertu*, de Shaftesbury.

1746 : *Pensées philosophiques* (condamnées au feu par le Parlement de Paris).
Diderot entre, avec d'Alembert, dans le comité de rédaction de l'*Encyclopédie*.

1747 : Le libraire Le Breton confie à Diderot, assisté de d'Alembert, la direction de l'*Encyclopédie*.
Diderot écrit *La Promenade du sceptique* (restée manuscrite).

1748 : *Les Bijoux indiscrets*, roman.
Mémoires sur différents sujets de mathématiques.
Lettre sur les troubles qui divisent la médecine et la chirurgie.

1749 : *Lettre sur les aveugles à l'usage de ceux qui voient.*
(Juin) : Ecrivant à Voltaire, il s'efforce d'atténuer l'impression défavorable produite par l'athéisme de la *Lettre sur les aveugles*.
(24 juillet) : Arrêté et emprisonné au donjon de Vincennes.
(21 août) : Diderot signe un engagement de soumission.
(3 novembre) : Libération.
(Pendant son emprisonnement, il a lu Platon, Milton et Buffon. Il a reçu la visite de Rousseau, avec qui il a parlé du sujet mis au concours par l'Académie de Dijon.)

1750 : Publication du prospectus de l'*Encyclopédie*.

1751 : Polémique avec le jésuite Berthier à propos du prospectus de l'*Encyclopédie*.
Lettre sur les sourds et muets à l'usage de ceux qui entendent et qui parlent.
(4 mars) : Diderot est nommé, en même temps que d'Alembert, membre de l'Académie Royale de Prusse.
(28 juin) : Publication du premier tome de l'*Encyclopédie*.
(31 décembre) : Condamnation de l'abbé de Prades, accusé de défendre, en accord avec les rédacteurs de l'*Encyclopédie*, des thèses sensualistes.

1752 (22 janvier) : Publication du tome II de l'*Ency-clopédie*.
(7 février) : Interdiction des deux volumes. Suspension de la publication.

1753 : Naissance de la fille de Diderot, Angélique.
L'*Encyclopédie* est à nouveau autorisée.
(Novembre) : Publication du tome III.
De l'interprétation de la nature.

1754 : Edition augmentée de *De l'interprétation de la nature*.
Publication du tome IV de l'*Encyclopédie*.
Voyage à Langres.

1755 : Diderot entre en relations avec Sophie Volland.
Publication du tome V de l'*Encyclopédie*.

1756 : Publication du tome VI de l'*Encyclopédie*.

1757 (Février) : Publication du *Fils naturel*, suivi des *Entretiens avec Dorval*.
Brouille avec Jean-Jacques Rousseau.
Publication du tome VII de l'*Encyclopédie*.

1758 : Publication du *Père de famille*, suivi du *Discours sur la poésie dramatique*.

1759 (6 février) : Le Parlement de Paris condamne l'*Encyclopédie*. — (8 mars) : Révocation du Privilège.
Cependant, les éditeurs décident de poursuivre l'édition, clandestinement.
Mort de Didier Diderot. Voyage de Diderot à Langres pour le partage de l'héritage.

1760 : Diderot commence la rédaction de *La Religieuse*.
On joue à Paris la comédie de Palissot, *Les Philosophes*, et à Marseille *Le Père de famille*.

1761 (18 février) : Première à Paris du *Père de famille*.

1762 : *Eloge de Richardson*.
Diderot refuse d'aller terminer en Russie la publication de l'*Encyclopédie*.

1763 : Lettre à M. de Sartine *Sur le commerce de la librairie*.

1764 : Diderot décide de terminer l'*Encyclopédie*, malgré les mutilations que Le Breton a fait subir au texte des dix derniers volumes.

1765 : Diderot vend sa bibliothèque à Catherine II. L'impression de l'*Encyclopédie* se termine.
(2 décembre) : Première du *Philosophe sans le savoir*, de Sedaine.
Succès. Enthousiasme de Diderot.

1766 : Les dix derniers volumes de l'*Encyclopédie* sont livrés aux souscripteurs dans une demi-clandestinité.

1769 ; Grimm, partant pour l'Allemagne, charge Diderot de rédiger sa *Correspondance littéraire*.
Publication des *Dialogues sur les blés*, de l'abbé Galiani, par les soins de Diderot.
(9 août) : Reprise du *Père de famille*. Succès.
Diderot travaille à la rédaction du *Rêve de d'Alembert*, esquisse le plan du *Shérif*, forme le projet des *Pères malheureux* (d'après Gessner) et du *Divertissement domestique*.

1770 : Diderot transforme le projet *Divertissement domestique* en *La Pièce et le Prologue;* rédige l'*Entretien d'un père avec ses enfants* et *Les Deux Amis de Bourbonne*.
(15 octobre et 1er novembre) : Il écrit l'*Apologie de Galiani* et les *Principes philosophiques sur la matière et le mouvement*. On trouve, dans la *Correspondance littéraire*, des Observations sur une brochure intitulée : *Garrick ou les acteurs anglais*.

1771 : Diderot termine une première version de *Jacques le Fataliste*.
Le Fils naturel à la Comédie-Française; sans succès.
Echec d'une reprise du *Père de famille*.

1772 : Diderot termine *Ceci n'est pas un conte* et *Madame de la Carlière*.
Commence le *Supplément au voyage de Bougainville*.
Mariage d'Angélique avec un Langrois, Caroillon de Vandeul.

1773 (Janvier) : *Le Père de famille*, à Naples, devant le roi.
Départ pour la Russie (par la Hollande).
(Août) : De La Haye, il signale à Mme d'Epinay que « un certain pamphlet sur l'art de l'acteur (ses *Observations...* de 1770) est presque devenu un ouvrage ».
(8 octobre) : Arrivée à Saint-Pétersbourg.

1774 (5 mars) : Départ de Saint-Pétersbourg.
(5 avril) : Arrivée à La Haye, où il reste jusqu'en septembre. Travaille à la *Réfutation suivie de l'ouvrage d'Helvétius intitulé l'Homme*, à l'*Entretien avec la Maréchale*, à la *Politique des souverains* et aux *Eléments de physiologie*.
(Octobre) : Retour à Paris.

1775 : Diderot écrit un *Plan d'une Université pour la Russie* et un *Essai sur les études en Russie* pour Catherine II.

1778 (Décembre) : *Essai sur les règnes de Claude et de Néron et sur la vie et les écrits de Sénèque pour servir d'introduction à la lecture de ce philosophe*.

1781 : Diderot écrit la *Lettre apologétique de l'abbé Raynal à M. Grimm*.
De *La Pièce et le Prologue*, il fait *Est-il bon, est-il méchant ?*

1782 : Edition revue et augmentée de l'*Essai sur les règnes de Claude et de Néron...*

1783 (29 octobre) : Mort de d'Alembert.

1784 (19 février) : Attaque d'apoplexie.
(22 février) : Mort de Sophie Volland.
(15 juillet) : Diderot s'installe à l'hôtel de Bezons, rue de Richelieu.
Il y meurt le 31.

DIDEROT ET LE THÉATRE

La plupart du temps, semble-t-il, le commun des hommes se représente volontiers les êtres qu'on aime à croire d'exception sous des traits bien accusés. On se transmet ces portraits comme un album de famille, et on les regarde du même air à la fois narquois et attendri. Des générations de lycéens se sont ainsi émus devant le tendre Racine; d'autres ont frémi face à l'impitoyable Racine.

A Diderot, aussitôt donné le coup de chapeau au labeur gigantesque de l'*Encyclopédie*, on concède quelques qualités guère plus flatteuses : la vitalité, mais dans le désordre; la richesse intérieure, mais tumultueuse et dispersée; une pensée fulgurante, mais trop souvent paradoxale. Cet admirable improvisateur n'en aurait pas été, d'ailleurs, à une contradiction près. Ne lit-on pas, par exemple, dans le Second Entretien sur *Le Fils naturel* : « les poètes, les acteurs, les musiciens, les peintres, les chanteurs de premier ordre, les grands danseurs, les amants tendres, les vrais dévots, toute cette troupe enthousiaste et passionnée sent vivement et réfléchit peu », et, dans le *Paradoxe sur le Comédien* : « les grands poètes, les grands acteurs, et peut-être en général tous les grands imitateurs de la nature, quels qu'ils soient, doués d'une belle imagination, d'un grand jugement, d'un tact fin, d'un goût très sûr, sont les êtres les moins sensibles »? Mais justement, une contradiction si apparente ne devrait-elle pas exiger qu'on examine d'un peu près cette apparence? Et veut-on oublier que ce *Paradoxe*, qu'il a commencé d'écrire plus de dix ans après les *Entretiens*, Diderot devait le méditer, et sans doute le remanier, au moins partiellement, pendant toute la décennie suivante?

Au reste, à l'image d'un Voltaire touche-à-tout correspond celle d'un Diderot polygraphe. L'épithète sécrète quelque suspicion — très particulièrement dans le domaine du théâtre. Peut-on concéder quelque compétence à un auteur dramatique dont l'œuvre a été fort contestée de son vivant, dont, aujourd'hui, on ne joue plus qu'une de ses pièces, et encore assez rarement? Tout au plus lui reconnaît-on, du bout des lèvres, une postérité dans le théâtre réaliste du XIXe siècle, à présent bien démodé. Mais pour ce qui est de l'art du comédien, le sourire est unanime : l'acte créateur du comédien en scène! Qu'en pourrait soupçonner ce Langrois un peu peuple, ce matérialiste athée, qui n'en a pas éprouvé personnellement le mystère ineffable?

Peut-être ce mot de Grimm : « Il crée et il surprend toujours » nous fait-il entrevoir la raison pour laquelle ce miroir déformant a longtemps offert le visage le plus généralement reconnu de Diderot. Seule une lecture attentive et sans préjugé peut compenser cet effet de surprise. Les philosophes de notre siècle ont su faire cette lecture et le reconnaissent effectivement pour l'un des leurs, et à meilleur titre que la plupart des écrivains que l'on dénommait ainsi au XVIIIe. On doit pouvoir demander aux amateurs, aux critiques, aux praticiens du théâtre d'accomplir à son égard la même démarche d'honnêteté intellectuelle.

Et d'abord, que Diderot « juge en spectateur et non en acteur », comme le lui reproche Pierre Valde, c'est facile à dire et bien vite dit. Mais c'est ignorer l'importance de la pratique du théâtre dans l'éducation donnée alors par les Jésuites que de penser qu'un garçon qui déclarera plus tard avoir balancé dans sa jeunesse « entre la Sorbonne et la Comédie » ait pu traverser leurs collèges sans quelquefois monter sur une estrade et s'y trouver en position d'acteur. C'est oublier aussi qu'il connaît bien le comportement et les réactions des comédiens comme un auteur qui a suivi les répétitions de ses pièces, et ce dès la mise à la scène du *Père de famille* en 1761. Croira-t-on que Molé, qui s'était engoué du *Fils naturel* au point de venir à bout des réticences sévères de ses camarades et de les amener à jouer la pièce, n'ait eu maintes fois l'occasion de parler métier avec un interlocuteur aussi curieux de toute technique ? Enfin, il est bien certain que Diderot a vécu la vie parisienne à une époque où les représentations théâtrales, que ce soit sur les scènes privées ou publiques, attirent un public sans cesse croissant et s'imposent à l'attention de tous. Il a dit lui-même avoir beaucoup fréquenté les spectacles, et si l'on s'en tenait à considérer son attitude de spectateur, on serait frappé par sa curieuse façon d'y inclure une recherche quasi technique, tel cet « examen des mouvements et du geste » que décrit la *Lettre sur les sourds et muets*. Quand Diderot parle du théâtre et des comédiens, c'est donc bien en connaisseur.

Et cette approche familière lui a valu d'avoir conscience de l'évolution qui se faisait de son temps. Au milieu du siècle encore, le public des théâtres est constitué de gens du monde et de gens de plume, d'artistes. Les travailleurs, comme on dirait aujourd'hui, ne s'y joignent qu'en nombre infime. Mais, en vingt ans, les choses vont changer : aux spectateurs cultivés s'ajoutent de plus en plus, au parterre, des gens plus frustes, de professions très modestes. L'amusement frivole ou l'élégance convenue qui parlaient à une coterie son langage ne peuvent plus satisfaire un auditoire dont les bases sociales sont élargies. Aussi Diderot conteste-t-il le théâtre tel qu'il le voit pratiqué et par les auteurs et par les acteurs. Mais, au lieu de s'irriter comme Rousseau et de conclure à un refus absolu, il aperçoit la nécessité d'une réforme et en formule les principes.

Réforme n'est pas révolution. Diderot se garde de récuser ceux des usages établis qui tiennent à l'essence même de l'art dramatique. Il sait, par exemple, et réaffirme que « l'action théâtrale ne se repose point », mais il sait également qu'une pièce « ne se renferme jamais à la rigueur dans un genre ». Aussi, quand il

définit avec prudence, à partir d'une analyse de
l'*Hécyre* de Térence, le genre nouveau dont il rêve
et qu'il appelle « *le genre sérieux* », se préoccupe-t-il
de lui ménager la possibilité de tantôt s'élever au tragique, tantôt descendre à la comédie. Il en exige gra-
vité du sujet, simplicité de l'intrigue, réalisme des
situations (à quoi il ne voit que de l'avantage), force
de l'action et du dialogue.

Certes, on a beau jeu à opposer à cette exigence
théorique la pauvreté d'invention, les artifices de composition, le mélange de lourdeur et de faiblesse du
dialogue dans les deux pièces que Diderot a lui-même
écrites selon ses vues personnelles. Cependant, on ne
peut arguer de cette impuissance créatrice pour refuser sa thèse. Lui-même ne se prive pas de soulever,
dans les *Entretiens*, des objections à sa propre création.
Il est vrai qu'il se donne, le plus souvent, la facilité de
les réfuter du point de vue fictif de l'acteur-auteur-
personnage qu'est Dorval. Mais, une fois au moins,
cette démarche le conduit à une découverte fructueuse.
Dorval reconnaît que, dans le « genre sérieux », les différences entre les personnages risquent de n'être que des
nuances psychologiques, qui, sur la scène, « ne peuvent
être maniées aussi heureusement que les caractères
tranchés » qui ont été la matière principale de la comédie classique. Cette remarque l'amène à proposer de
substituer à la représentation des *caractères* celle des
conditions, c'est-à-dire de montrer d'abord ce qui,
dans l'homme, est d'origine sociale et, de ce fait, gou-
verne son comportement dans la société. Plus exactement, il ne s'agit pas d'écarter la psychologie de l'individu, mais d'en faire seulement « l'accessoire »;
autrement dit, de ne la montrer que transparaissant à
travers les conduites concrètes. A ces conditions, Dorval veut qu'on ajoute les « relations : le père de
famille, l'époux, la sœur, les frères ». Si l'on observe
que la « condition » est elle-même déjà la relation de
l'individu au groupe, on constate l'élaboration d'un
système de référence authentiquement dramaturgique.
Dans la comédie classique elle-même, malgré le dessein arrêté de peindre des caractères, fondé sur une

croyance à une nature immuable de l'homme, dès qu'on observe de près le mouvement dramatique de l'œuvre, on s'aperçoit bien qu'il n'existe, en scène, que des relations, qu'Alceste vit une contradiction qui ne serait pas sans Célimène, que le sous-titre du *Misanthrope* exprime plus exactement que le titre le contenu vrai de la pièce, ou qu'Harpagon est moins l'*Avare* que le père avare et le vieil avare amoureux. Loin donc d'élaborer sa théorie d'un genre nouveau à partir d'idées sans référence à la réalité théâtrale, on voit Diderot tenter de poser des principes qui se dégagent, pour un regard non prévenu, de cette réalité même. Aussi ne sépare-t-il pas le souci qu'il a du renouvellement des genres dramatiques de celui d'une réforme de la mise en scène. A ses yeux, réalisme social et réalisme psychologique doivent se traduire par le réalisme scénique. « Quoi! s'écrie Dorval, vous ne concevez pas l'effet que produiraient sur vous une scène réelle, des habits vrais, des discours proportionnés aux actions, des actions simples...? » On trouve même, sur la fin des *Entretiens*, un véritable programme de tout ce qu'il y a à faire dans ce domaine :

« La tragédie domestique et bourgeoise à créer.

« Le genre sérieux à perfectionner.

« Les conditions de l'homme à substituer aux caractères, peut-être dans tous les genres.

« La pantomime à lier étroitement avec l'action dramatique.

« La scène à changer, et les tableaux à substituer aux coups de théâtre, source nouvelle d'invention pour le poète, et d'étude pour le comédien... » (Je laisse de côté ce qui concerne le théâtre lyrique.) Chacun des articles de ce programme a été amorcé ou éclairé en plusieurs endroits par les échanges de vues entre Dorval et son interlocuteur. Quand il veut que l'unité poétique « ordonne des vêtements, du ton, du geste, de la contenance » en toute expression théâtrale, n'est-ce pas pressentir la loi fondamentale de l'ensemble qu'imposera Antoine et que Copeau réaffirmera avec éclat; quand, refusant la politique des effets alors si courante, il déclare que « dans une **représentation** dramatique, il ne s'agit non plus du spectateur que s'il n'existait pas », et qu'il se montre satisfait de ce qu'on dise, à Marseille, qu'on oublie, devant la première scène du *Père de famille*, qu'on est devant un théâtre, c'est implicitement la notion du quatrième mur, qui commandera les mises en place du Théâtre Libre et qui découle logiquement d'une esthétique réaliste — comme en découle aussi le souhait d'avoir « des théâtres où la décoration changeât toutes les fois que le lieu de la scène doit changer ». D'où lui apparaît la nécessité d'un « théâtre très étendu », offrant la possibilité de « représentations concomitantes » d'événements simultanés. Diderot va plus loin encore et découvre l'idée qui inspire toutes les recherches scénographiques d'aujourd'hui, que la conception d'un théâtre nouveau ne se fait pas tant que les auteurs ne disposent pas de l'instrument — la scène rénovée — qui leur en permet seul l'expression.

Cette vue large des problèmes d'ensemble du théâtre ne dissimule pas à Diderot ceux de l'acteur. L'attention toute particulière qu'il porte à ce qu'il appelle « la pantomime » en marque la préoccupation. Ce qu'il entend par ce mot ne se limite pas en effet à un art purement gestuel de l'expression, mais désigne tout ce que l'interprète peut apporter au spectacle et qui lui paraît si important qu'il regrette que les auteurs usent trop exclusivement du verbe et ne confient pas à leurs interprètes une part suffisante de création. « Il y a des endroits, dit Dorval, qu'il faudrait presque abandonner à l'acteur. » A condition que celui-ci ose renoncer à quelques usages tyranniques pour se comporter en scène comme le personnage l'eût fait dans la vie. D'où la thèse du *Paradoxe* : le grand comédien est celui à qui « l'étude des grands modèles », « la connaissance du cœur humain » et « l'usage du monde », transposés dans le « travail assidu,... l'expérience, et... l'habitude du théâtre » ont donné « une égale aptitude à toutes sortes de caractères et de rôles ». L'essentiel du *Paradoxe sur le Comédien* consiste en la recherche des conditions psycho-physiologiques qui permettent à un être humain d'atteindre cette maîtrise des caractères et des situations. C'est cette recherche qui lui fait exiger du comédien qu'il récuse, au moment où il paraît sur la scène, les mouvements de sa sensibilité au profit du « sang froid » qui lui permet de « rendre si scrupuleusement les signes extérieurs du sentiment » que le spectateur s'y trompe et les croit produits par un « sentiment actuel ». S'il y a paradoxe, c'est par opposition à cette erreur coutumière de jugement. On comprend mal que tant de praticiens du théâtre aient réagi si violemment devant le précepte : nulle sensibilité! inscrit aux premières pages du livre. Sans doute n'ont-ils pas pris suffisamment garde au sens exact des termes qu'emploie Diderot et à la distinction qu'il fait des différents moments du travail de création de l'acteur. Dans le *Paradoxe*, la « sensibilité », c'est l'émotion, c'est l'émotivité. L'acteur doit se détacher d'elle pour en utiliser les formes aux fins de sa création; il fait consciemment de ses propres modes d'émotion la figure d'une autre émotion, celle du personnage. Diderot ne nie pas cet effort du comédien sur lui-même; il montre Le Quesnoy « haletant » en répétition, pendant l'approche progressive de son personnage; il parle du « tourment », de la « lutte » de la Clairon dans la même phase. Mais enfin parvenue à « sentir » son personnage, « lorsqu'elle s'est une fois élevée à la hauteur de son fantôme (entendons : l'image du personnage qu'elle s'est donnée à rejoindre), elle se possède, elle se répète sans émotion ». Il est frappant que la plupart des comédiens qui prétendent rejeter en bloc le propos de Diderot ne disent, en fait, guère autre chose que lui. Mais ils nourrissent une peur maladive de l'intelligence qui plonge leurs déclarations dans une bien regrettable confusion. Quand Jouvet a reconnu que « l'acteur ne serait que médiocre si sa sensibilité ne lui permettait que d'éprouver, de s'approprier les sentiments de son personnage », il marque la nécessité de la « lucidité », de la « faculté observatrice », mais prétend qu'elle « relève de la sensibilité » et affirme tranquillement : « L'intelligence de l'acteur, c'est encore et toujours sa sensibilité, élevée jusqu'à l'intuition. » On est stupéfait qu'un tel galimatias ait pu échapper à un homme aussi avisé. Il serait sans doute vain de faire trop ici appel aux comédiens et d'argumenter à partir de leurs opinions contradictoires. Les grands noms ne manqueraient pas du côté des adversaires de la thèse du *Paradoxe* (Sarah Bernhardt, Ludmilla Pitoeff, Pierre Brasseur...), mais on remarquerait, dans les déclarations de tous ceux qui ont vraiment réfléchi à la question, le constant retour d'une idée : celle d'un *contrôle* (le mot vient sur les lèvres de Barrault) nécessaire du comédien sur toute son action. On pense souvent, après Got, « qu'en même temps que l'acteur exécute et éprouve, une sorte d'être de raison doit rester vigilant, à côté, arbitre suprême » et l'on admet volontiers chez lui un « don de dédoublement ». Au reste, Diderot avait prévu les controverses que ne manqueraient pas de susciter ses réflexions : « Ces vérités seraient démontrées, écrit-il, que les grands comédiens n'en conviendraient pas : c'est leur secret. » On peut raisonnablement espérer que les comédiens d'aujourd'hui vont oser s'affranchir de cette notion quasi médiévale du « secret » de fabrication. Dullin, qui a accordé à la lecture du *Paradoxe* l'attention la plus scrupuleuse, a, de ce fait, exprimé le plus nettement une opinion latente chez beaucoup d'autres : « Tous les grands comédiens sont sensibles à leur manière..., mais ils ne sont grands que parce qu'ils savent contrôler les effets de leur sensibilité. » Et ce contrôle, c'est, selon lui, l'affaire de « l'intelligence du comédien ». On pourrait rappeler ici la recommandation de Brecht : « se méfier de ceux qui voudraient bannir, d'une manière ou d'une autre, de la sphère du travail artistique, cette raison qu'ils décrivent comme... un adversaire acharné du sentiment qui, lui, constituerait le domaine exclusif de l'art... Nous, ajoute-t-il, les sentiments nous poussent à demander à la raison des efforts extrêmes; et la raison éclaire nos sentiments ». On peut donc admettre que c'est l'intelligence, souveraine comme le voulait Diderot, qui permet au comédien ce « détournement des facultés naturelles à un usage fantastique » dont parle Jacques Copeau. C'est par ce « détournement », c'est-à-dire la substitu-

tion de la sensibilité jouée à la sensibilité naturelle,
que le comédien constitue le personnage en être signi-
fiant pour le public. Son acte créateur rejoint par là
celui de tout artiste qui est — et c'est là l'idée fondamentale de l'esthétique de Diderot — de dévoiler la
« nature », c'est-à-dire le sens même de l'existence.

Ainsi conçue, la fonction du comédien peut cesser
d'être à la fois adulée et méprisée, comme elle le fut
trop longtemps. Autre apport de Diderot à une vue
lucide des choses. Au simple constat de Rousseau —
« un bourgeois craindrait de fréquenter ces mêmes
comédiens qu'on voit tous les jours à la table des
grands » — Diderot oppose la déclaration de Dorval :
« Je ne peux vous dire quel cas je fais d'un grand acteur,
d'une grande actrice. » S'il renchérit ainsi sur la per-
tinente analyse sociologique faite par d'Alembert dans
l'article « Genève » de l'*Encyclopédie*, c'est qu'il
devine la place importante que pourrait tenir l'acteur
dans la société, si le spectacle était arraché à l'amusement « dans un petit endroit obscur » de quelques
centaines de personnes pour « fixer l'attention d'une
nation entière », ainsi que pouvait le faire une tragédie
de Sophocle aux grands jours du théâtre athénien. Il
ne fait pas de doute que Diderot ait pressenti et sou-
haité un théâtre national populaire.

Il y aurait bien de la mauvaise foi à méconnaître
l'exactitude de l'investigation et la continuité de la
réflexion de Diderot sur le théâtre. Elle s'attache à ce
qu'il y a de plus subjectif dans la création de l'auteur
et de l'acteur, se mesure à ce qu'il y a de plus impé-
rieux dans les données concrètes du spectacle et met
en question les circonstances d'ordre social dont il
s'entoure. L'animateur de l'*Encyclopédie* sait bien
qu'en définitive tout concourt au rapport avec le
spectateur, qu'il s'agit non de flatter, mais d'émouvoir et d'instruire. Pour lui, le théâtre ne saurait être
pure délectation; il doit prendre sa place dans le
grand mouvement expressif, critique et novateur
auquel, personnellement, il a délibérément consacré
la majeure part de son activité d'homme.

Raymond LAUBREAUX.

BIBLIOGRAPHIE

1) TEXTES :

Les *Entretiens sur le Fils naturel* et le *Paradoxe sur le Comédien* figurent dans les deux éditions collectives suivantes :

DIDEROT, *Œuvres*, préface d'André Billy. Bibliothèque de la Pléiade, Gallimard.
DIDEROT, *Œuvres esthétiques*, textes établis, avec introductions, bibliographie, notes et relevés de variantes par Paul Vernière. Classiques Garnier. (Contient aussi *De la poésie dramatique*.)

Pour le *Paradoxe sur le Comédien*, on aura intérêt à consulter également :

DIDEROT, *Paradoxe sur le Comédien*, présenté par Jacques Copeau. Plon.
DIDEROT, *Paradoxe sur le Comédien*, avec, recueillies par Marc Blanquet, les opinions de... (opinions de 21 auteurs dramatiques, comédiens, metteurs en scène ou professeurs d'art dramatique). Ed. Nord-Sud, 1949. (Réimpr. Librairie Théâtrale, 1958.)
DIDEROT, *The Paradox of Acting*, translated from the French by Henry Walter Pollock, and *Masks or Faces*, by William Archer, ed. by Eric Bentley. Calder.

2) ÉTUDES :

Roland MORTIER, *Diderot en Allemagne*. Presses universitaires, 1954. (Chap. II, Diderot théoricien du drame.)

H. Baader, *Diderots Theorie der Schauspielkunst und ihre Parallelen in Deutschland*. « Revue de Littérature comparée », nᵒ 2, 1959.

P.-B. Marquet, *Diderot et le Théâtre au XVIIIᵉ siècle*. « Europe », nᵒ 69, 1951.

Francis Pruner, *Diderot et le Théâtre*. « Cahiers haut-marnais », nᵒ 75, 1963.

Jean de Beer, *Diderot et la Comédie-Française*. « Europe », nᵒ 405-406, 1963.

Yvon Belaval, *L'Esthétique sans paradoxe de Diderot*. Bibliothèque des Idées, Gallimard, 1950. (Replace les thèses du *Paradoxe* dans la perspective d'une étude d'ensemble de l'esthétique de Diderot.)

Jean Duvignaud, *L'Acteur*. Bibliothèque des Idées, Gallimard, 1965. (Situe le *Paradoxe* dans la perspective d'une réflexion sociologique.)

Enfin, on pourra ajouter aux opinions recueillies dans l'édition de Marc Blanquet :

Réponses à Diderot. « Nouvelles Littéraires », nᵒ 1852, 1963 (14 comédiens).

ENTRETIENS SUR LE FILS NATUREL

NOTICE

Usant d'un procédé qui ne trompe plus aujourd'hui personne, Diderot feignit, en présentant au lecteur sa comédie *Le Fils naturel*, d'avoir seulement transcrit une sorte de témoignage authentique.

Pendant l'été 1756, qui suit la parution du tome VI de l'*Encyclopédie*, il est allé chercher « du repos et de la santé » à Massy, chez son éditeur Le Breton. C'est là qu'il aurait entendu parler de Dorval, « l'homme rare qui avait eu, dans un même jour, le bonheur d'exposer sa vie pour son ami et le courage de lui sacrifier sa passion, sa fortune et sa liberté ». Ayant voulu le connaître, il apprend de lui l'existence de ce manuscrit, rédigé par Dorval sur l'injonction de son père pour être représenté d'âge en âge par sa descendance et prolonger ainsi la mémoire d'une des circonstances les plus importantes de sa vie et de la conduite qu'y tint chacun des membres de la famille qui s'y trouvait engagé.

A l'édition du *Fils naturel* faisait suite un important texte théorique qui prolongeait la même fiction. Diderot vient d'assister, plus ou moins clandestinement, à une représentation privée de la pièce, dans laquelle chacun tenait le rôle qu'il avait, quelque temps auparavant, vécu dans la réalité. Et c'est à propos de cette représentation, suivie d'une lecture du manuscrit, que s'engageaient, entre Dorval et lui, trois entretiens.

Rien de pirandellien dans ces entretiens; il s'agit très simplement d'une discussion dans laquelle l'auteur se prête les observations qu'il a pu faire ou qui lui ont été suggérées sur sa pièce et fait répondre, par

Dorval qui en est l'auteur fictif à ces observations. Le fondement essentiel de ce plaidoyer est l'authenticité prétendue des faits mis à la scène et le refus du style de jeu du théâtre de l'époque. « C'est dans le salon qu'il faut juger mon ouvrage », dit-il, affirmant en toute occasion la priorité du réalisme sur tout autre principe dramaturgique. Ce n'est d'ailleurs pas là que réside l'intérêt véritable des *Entretiens*. La pièce, on le sait, n'était pas réussie et l'argumentation présentée ici n'y peut rien changer. Mais, pour reprendre, en un autre sens, la remarque ironique de Collé : « c'est pourtant d'après ce chef-d'œuvre qu'il a l'intrépidité de donner une espèce de poétique ». J'ai indiqué, dans l'introduction de ce volume, les tenants et les aboutissants de cette « poétique » du drame « sérieux ». Il faut ajouter ici qu'on a souvent voulu y trouver plus encore : dans les considérations sur l'art de grouper les personnages en scène comme dans la vie, l'amorce d'une esthétique des arts plastiques que Diderot élaborera de façon plus précise quand il commencera, deux ans plus tard, à rédiger ses fameux *Salons;* dans la page citée partout qui ouvre le second entretien, une poétique générale de l'enthousiasme que l'on qualifie, bien sûr, de « préromantique ». C'est sans doute cette page qui a incité M. Vernière à se demander qui était Dorval : au-delà du protagoniste du *Fils naturel*, ne faudrait-il pas déceler en lui une des voix intérieures de Diderot ? ou le « fantôme » de Rousseau, dont on retrouverait ici la voix altérée, le « délire champêtre » et le goût des paysages lacustres ? Certes, Dorval pourrait figurer ainsi « l'homme de génie ». N'omettons pas cependant d'observer que l'ensemble des propos tenus par Dorval dans les *Entretiens* contient moins de poésie que de réflexion et que, de toute façon, cette image séduisante du poète ne constitue pas la conception définitive que s'en fait Diderot. Dès l'*Entretien avec d'Alembert*, la part de l'enthousiasme dans la création humaine lui paraît moindre. Sa pensée évolue ainsi vers les thèses du *Paradoxe sur le Comédien*.

Raymond LAUBREAUX.

INTRODUCTION

J'ai promis de dire pourquoi je n'entendis pas la dernière scène; et le voici. Lysimond n'était plus. On avait engagé un de ses amis, qui était à peu près de son âge, et qui avait sa taille, sa voix et ses cheveux blancs, à le remplacer dans la pièce.

Ce vieillard entra dans le salon, comme Lysimond y était entré la première fois, tenu sous les bras par Clairville et par André, et couvert des habits que son ami avait apportés des prisons. Mais à peine y parut-il, que, ce moment de l'action remettant sous les yeux de toute la famille un homme qu'elle venait de perdre, et qui lui avait été si respectable et si cher, personne ne put retenir ses larmes. Dorval pleurait; Constance et Clairville pleuraient; Rosalie étouffait ses sanglots, et détournait ses regards. Le vieillard qui représentait Lysimond, se troubla, et se mit à pleurer aussi. La douleur, passant des maîtres aux domestiques, devint générale; et la pièce ne finit pas.

Lorsque tout le monde fut retiré, je sortis de mon coin, et je m'en retournai comme j'étais venu. Chemin faisant, j'essuyais mes yeux, et je me disais pour me consoler, car j'avais l'âme triste : « Il faut que je sois bien bon de m'affliger ainsi. Tout ceci n'est qu'une comédie. Dorval en a pris le sujet dans sa tête. Il l'a dialoguée à sa fantaisie, et l'on s'amusait aujourd'hui à la représenter. »

Cependant, quelques circonstances m'embarrassaient. L'histoire de Dorval était connue dans le pays. La représentation en avait été si vraie, qu'oubliant en

plusieurs endroits que j'étais spectateur, et spectateur
ignoré, j'avais été sur le point de sortir de ma place,
et d'ajouter un personnage réel à la scène. Et puis,
comment arranger avec mes idées ce qui venait de se
passer ? Si cette pièce était une comédie comme une
autre, pourquoi n'avaient-ils pu jouer la dernière
scène ? Quelle était la cause de la douleur profonde
dont ils avaient été pénétrés à la vue du vieillard qui
faisait Lysimond ?

Quelques jours après, j'allai remercier Dorval de la
soirée délicieuse et cruelle que je devais à sa complaisance...

« Vous avez donc été content de cela?... »

J'aime à dire la vérité. Cet homme aimait à l'entendre ; et je lui répondis que le jeu des acteurs m'en
avait tellement imposé, qu'il m'était impossible de prononcer sur le reste ; d'ailleurs, que, n'ayant point
entendu la dernière scène, j'ignorais le dénouement ;
mais que, s'il voulait me communiquer l'ouvrage, je
lui en dirais mon sentiment...

« Votre sentiment ! et n'en sais-je pas à présent ce
que j'en veux savoir ? Une pièce est moins faite pour
être lue, que pour être représentée ; la représentation
de celle-ci vous a plu, il ne m'en faut pas davantage.
Cependant la voilà ; lisez-la, et nous en parlerons. »

Je pris l'ouvrage de Dorval ; je le lus à tête reposée,
et nous en parlâmes le lendemain et les deux jours
suivants.

Voici nos entretiens. Mais quelle différence entre ce
que Dorval me disait, et ce que j'écris!... Ce sont
peut-être les mêmes idées ; mais le génie de l'homme
n'y est plus... C'est en vain que je cherche en moi
l'impression que le spectacle de la nature et la présence
de Dorval y faisaient. Je ne la retrouve point ; je ne
vois plus Dorval ; je ne l'entends plus. Je suis seul,
parmi la poussière des livres et dans l'ombre d'un
cabinet... et j'écris des lignes faibles, tristes et froides.

DORVAL ET MOI

PREMIER ENTRETIEN

Ce jour, Dorval avait tenté sans succès de terminer une affaire qui divisait depuis longtemps deux familles du voisinage, et qui pouvait ruiner l'une et l'autre. Il en était chagrin, et je vis que la disposition de son âme allait répandre une teinte obscure sur notre entretien. Cependant je lui dis :

« Je vous ai lu ; mais je suis bien trompé, ou vous ne vous êtes pas attaché à répondre scrupuleusement aux intentions de monsieur votre père. Il vous avait recommandé, ce me semble, de rendre les choses comme elles s'étaient passées ; et j'en ai remarqué plusieurs qui ont un caractère de fiction qui n'en impose qu'au théâtre, où l'on dirait qu'il y a une illusion et des applaudissements de convention.

« D'abord, vous vous êtes asservi à la loi des unités. Cependant il est incroyable que tant d'événements se soient passés dans un même lieu ; qu'ils n'aient occupé qu'un intervalle de vingt-quatre heures, et qu'ils se soient succédé dans votre histoire, comme ils sont enchaînés dans votre ouvrage.

DORVAL

Vous avez raison. Mais si le fait a duré quinze jours, croyez-vous qu'il fallût accorder la même durée à la représentation ? Si les événements en ont été séparés par d'autres, qu'il était à propos de rendre cette confusion ? Et s'ils se sont passés en différents endroits de la maison, que je devais aussi les répandre sur le même espace ?

Les lois des trois unités sont difficiles à observer; mais elles sont sensées.

Dans la société, les affaires ne durent que par de petits incidents, qui donneraient de la vérité à un roman, mais qui ôteraient tout l'intérêt à un ouvrage dramatique : notre attention s'y partage sur une infinité d'objets différents; mais au théâtre, où l'on ne représente que des instants particuliers de la vie réelle, il faut que nous soyons tout entiers à la même chose.

J'aime mieux qu'une pièce soit simple que chargée d'incidents. Cependant je regarde plus à leur liaison qu'à leur multiplicité. Je suis moins disposé à croire deux événements que le hasard a rendus successifs ou simultanés, qu'un grand nombre qui, rapprochés de l'expérience journalière, la règle invariable des vraisemblances dramatiques, me paraîtraient s'attirer les uns les autres par des liaisons nécessaires.

L'art d'intriguer consiste à lier les événements, de manière que le spectateur sensé y aperçoive toujours une raison qui le satisfasse. La raison doit être d'autant plus forte, que les événements sont plus singuliers. Mais il n'en faut pas juger par rapport à soi. Celui qui agit et celui qui regarde, sont deux êtres très différents.

Je serais fâché d'avoir pris quelque licence contraire à ces principes généraux de l'unité de temps et de l'unité d'action; et je pense qu'on ne peut être trop sévère sur l'unité de lieu. Sans cette unité, la conduite d'une pièce est presque toujours embarrassée, louche. Ah! si nous avions des théâtres où la décoration changeât toutes les fois que le lieu de la scène doit changer!...

MOI

Et quel si grand avantage y trouveriez-vous ?

DORVAL

Le spectateur suivrait sans peine tout le mouvement d'une pièce; la représentation en deviendrait plus variée, plus intéressante et plus claire. La décoration ne peut changer, que la scène ne reste vide; la scène ne peut rester vide qu'à la fin d'un acte. Ainsi, toutes les fois que deux incidents feraient changer la décoration, ils se passeraient dans deux actes différents. On ne verrait point une assemblée de sénateurs succéder à une assemblée de conjurés, à moins que la scène ne fût assez étendue pour qu'on y distinguât des espaces fort différents. Mais, sur de petits théâtres, tels que les nôtres, que doit penser un homme raisonnable, lorsqu'il entend des courtisans, qui savent si bien que les murs ont des oreilles, conspirer contre leur souverain dans l'endroit même où il vient de les consulter sur l'affaire la plus importante, sur l'abdication de l'Empire ? Puisque les personnages demeurent, il suppose apparemment que c'est le lieu qui s'en va.

Au reste, sur ces conventions théâtrales, voici ce que je pense. C'est que celui qui ignorera la raison poétique, ignorant aussi le fondement de la règle, ne saura ni l'abandonner, ni la suivre à propos. Il aura pour elle trop de respect ou trop de mépris, deux écueils opposés, mais également dangereux. L'un réduit à rien les observations et l'expérience des siècles passés, et ramène l'art à son enfance ; l'autre l'arrête tout court où il est, et l'empêche d'aller en avant.

Ce fut dans l'appartement de Rosalie, que je m'entretins avec elle, lorsque je détruisis dans son cœur le penchant injuste que je lui avais inspiré, et que je fis renaître sa tendresse pour Clairville. Je me promenais avec Constance dans cette grande allée, sous les vieux marronniers que vous voyez, lorsque je demeurai convaincu qu'elle était la seule femme qu'il y eût au monde pour moi ; pour moi ! qui m'étais proposé dans ce moment de lui faire entendre que je n'étais point l'époux qui lui convenait. Au premier bruit de l'arrivée de mon père, nous descendîmes, nous accourûmes tous ; et la dernière scène se passa en autant d'endroits différents que cet honnête vieillard fit de pauses, depuis la porte d'entrée jusque dans ce salon. Je les vois encore, ces endroits... Si j'ai renfermé toute l'action dans un lieu, c'est que je le pouvais sans gêner la conduite de la pièce, et sans ôter de la vraisemblance aux événements.

MOI

Voilà qui est à merveille. Mais en disposant des lieux, du temps et de l'ordre des événements, vous n'auriez pas dû en imaginer qui ne sont ni dans nos mœurs, ni dans votre caractère.

DORVAL

Je ne crois pas l'avoir fait.

MOI

Vous me persuaderez donc que vous avez eu avec votre valet la seconde scène du premier acte ? Quoi! lorsque vous lui dîtes : *Ma chaise, des chevaux*, il ne partit pas ? Il ne vous obéit pas ? Il vous fit des remontrances que vous écoutâtes tranquillement ? Le sévère Dorval, cet homme renfermé même avec son ami Clairville, s'est entretenu familièrement avec son valet Charles ? Cela n'est ni vraisemblable, ni vrai.

DORVAL

Il faut en convenir. Je me dis à moi-même à peu près ce que j'ai mis dans la bouche de Charles; mais ce Charles est un bon domestique, qui m'est attaché. Dans l'occasion, il ferait pour moi tout ce qu'André a fait pour mon père. Il a été témoin de la chose. J'ai vu si peu d'inconvénient à l'introduire un moment dans la pièce; et cela lui a fait tant de plaisir!... Parce qu'ils sont nos valets, ont-ils cessé d'être des hommes ?... S'ils nous servent, il en est un autre que nous servons.

MOI

Mais si vous composiez pour le théâtre ?

DORVAL

Je laisserais là ma morale, et je me garderais bien de rendre importants sur la scène des êtres qui sont nuls dans la société. Les Daves ont été les pivots de la comédie ancienne, parce qu'ils étaient en effet les moteurs de tous les troubles domestiques. Sont-ce les mœurs qu'on avait il y a deux mille ans, ou les nôtres, qu'il faut imiter ? Nos valets de comédie sont toujours plaisants, preuve certaine qu'ils sont froids. Si le poète les laisse dans l'antichambre, où ils doivent être, l'action se passant entre les principaux personnages en sera plus intéressante et plus forte. Molière, qui savait si bien en tirer parti, les a exclus du *Tartuffe* et du *Misanthrope*. Ces intrigues de valets et de soubrettes, dont on coupe l'action principale, sont un moyen sûr d'anéantir l'intérêt. L'action théâtrale ne se repose point; et mêler deux intrigues, c'est les arrêter alternativement l'une et l'autre.

MOI

Si j'osais, je vous demanderais grâce pour les soubrettes. Il me semble que les jeunes personnes, toujours contraintes dans leur conduite et dans leurs discours, n'ont que ces femmes à qui elles puissent ouvrir leur âme, confier des sentiments qui la pressent, et que l'usage, la bienséance, la crainte et les préjugés y tiennent renfermés.

DORVAL

Qu'elles restent donc sur la scène jusqu'à ce que notre éducation devienne meilleure, et que les pères et mères soient les confidents de leurs enfants... Qu'avez-vous encore observé ?

MOI

La déclaration de Constance...

DORVAL

Eh bien ?

MOI

Les femmes n'en font guère...

DORVAL

D'accord. Mais supposez qu'une femme ait l'âme, l'élévation et le caractère de Constance; qu'elle ait su choisir un honnête homme : et vous verrez qu'elle avouera ses sentiments sans conséquence. Constance m'embarrassa... beaucoup... Je la plaignis, et l'en respectai davantage.

MOI

Cela est bien étonnant! Vous étiez occupé d'un autre côté...

DORVAL

Et ajoutez que je n'étais pas un fat.

MOI

On trouvera dans cette déclaration quelques endroits peu ménagés... Les femmes s'attacheront à donner du ridicule à ce caractère...

DORVAL

Quelles femmes, s'il vous plaît ? Des femmes perdues, qui avouaient un sentiment honteux toutes les fois qu'elles ont dit : *Je vous aime.* Ce n'est pas là Constance; et l'on serait bien à plaindre dans la société, s'il n'y avait aucune femme qui lui ressemblât.

MOI

Mais ce ton est bien extraordinaire au théâtre...

DORVAL

Et laissez là les tréteaux; rentrez dans le salon; et convenez que le discours de Constance ne vous offens pas, quand vous l'entendîtes là.

MOI

Non.

DORVAL

C'est assez. Cependant il faut tout vous dire. Lorsque l'ouvrage fut achevé, je le communiquai à tous les personnages afin que chacun ajoutât à son rôle, en retranchât, et se peignît encore plus au vrai. Mais il arriva une chose à laquelle je ne m'attendais guère, et qui est cependant bien naturelle. C'est que, plus à leur état présent qu'à leur situation passée, ici ils adoucirent l'expression, là ils pallièrent un sentiment; ailleurs ils préparèrent un incident. Rosalie voulut paraître moins coupable aux yeux de Clairville; Clair-

ville, se montrer encore plus passionné pour Rosalie;
Constance, marquer un peu plus de tendresse à un
homme qui est maintenant son époux; et la vérité des
caractères en a souffert en quelques endroits. La déclaration de Constance est un de ces endroits. Je vois que
les autres n'échapperont pas à la finesse de votre
goût. »

Ce discours de Dorval m'obligea d'autant plus,
qu'il est peu dans son caractère de louer. Pour y
répondre, je relevai une minutie que j'aurais négligée
sans cela.

MOI

« Et le thé de la même scène ? lui dis-je.

DORVAL

Je vous entends; cela n'est pas de ce pays. J'en
conviens; mais j'ai voyagé longtemps en Hollande;
j'ai beaucoup vécu avec des étrangers; j'ai pris d'eux
cet usage; et c'est moi que j'ai peint.

MOI

Mais au théâtre!

DORVAL

Ce n'est pas là. C'est dans le salon qu'il faut juger
mon ouvrage... Cependant ne passez aucun des
endroits où vous croirez qu'il pèche contre l'usage du
théâtre... Je serai bien aise d'examiner si c'est moi qui
ai tort, ou l'usage. »

Tandis que Dorval parlait, je cherchais les coups de
crayon que j'avais donnés à la marge de son manuscrit,
partout où j'avais trouvé quelque chose à reprendre.
J'aperçus une de ces marques vers le commencement
de la seconde scène du second acte, et je lui dis :

« Lorsque vous vîtes Rosalie, selon la parole que
vous en aviez donnée à votre ami, ou elle était instruite
de votre départ, ou elle l'ignorait. Si c'est le premier,
pourquoi n'en dit-elle rien à Justine ? Est-il naturel
qu'il ne lui échappe pas un mot sur un événement qui
doit l'occuper tout entière ? Elle pleure, mais ses

larmes coulent sur elle. Sa douleur est celle d'une âme délicate qui s'avoue des sentiments qu'elle ne pouvait empêcher de naître, et qu'elle ne peut approuver. *Elle l'ignorait*, me direz-vous. *Elle en parut étonnée ; je l'ai écrit, et vous l'avez vu.* Cela est vrai. Mais comment a-t-elle pu ignorer ce qu'on savait dans toute la maison ?...

DORVAL

Il était matin ; j'étais pressé de quitter un séjour que je remplissais de trouble, et de me délivrer de la commission la plus inattendue et la plus cruelle ; et je vis Rosalie aussitôt qu'il fut jour chez elle. La scène a changé de lieu, mais sans rien perdre de sa vérité. Rosalie vivait retirée ; elle n'espérait dérober ses pensées secrètes à la pénétration de Constance et à la passion de Clairville, qu'en les évitant l'un et l'autre ; elle ne faisait que de descendre de son appartement ; et elle n'avait encore vu personne quand elle entra dans le salon.

MOI

Mais pourquoi annonce-t-on Clairville, tandis que vous vous entretenez avec Rosalie ? Jamais on ne s'est fait annoncer chez soi ; et ceci a tout l'air d'un coup de théâtre ménagé à plaisir.

DORVAL

Non ; c'est le fait comme il a été et comme il devait être. Si vous y voyez un coup de théâtre, à la bonne heure ; il s'est placé là de lui-même.

Clairville sait que je suis avec sa maîtresse ; il n'est pas naturel qu'il entre tout au travers d'un entretien qu'il a désiré. Cependant il ne peut résister à l'impatience d'en apprendre le résultat. Il me fait appeler. Eussiez-vous fait autrement ? »

Dorval s'arrêta ici un moment ; ensuite il dit : « J'aimerais bien mieux des tableaux sur la scène où il y en a si peu, et où ils produiraient un effet si agréable et si sûr, que ces coups de théâtre qu'on amène d'une manière si forcée, et qui sont fondés sur tant de suppositions singulières, que, pour une de ces combinaisons d'événements qui soit heureuse et naturelle, il y en a mille qui doivent déplaire à un homme de goût.

MOI

Mais quelle différence mettez-vous entre un coup de théâtre et un tableau ?

DORVAL

J'aurais bien plus tôt fait de vous en donner des exemples que des définitions. Le second acte de la pièce s'ouvre par un tableau, et finit par un coup de théâtre.

MOI

J'entends. Un incident imprévu qui se passe en action, et qui change subitement l'état des personnages, est un coup de théâtre. Une disposition de ces personnages sur la scène, si naturelle et si vraie, que, rendue fidèlement par un peintre, elle me plairait sur la toile, est un tableau.

DORVAL

A peu près.

MOI

Je gagerais presque que, dans la quatrième scène du second acte, il n'y a pas un mot qui ne soit vrai. Elle m'a désolé dans le salon, et j'ai pris un plaisir infini à la lire. Le beau tableau, car c'en est un, ce me semble, que le malheureux Clairville, renversé sur le sein de son ami, comme dans le seul asile qui lui reste...

DORVAL

Vous pensez bien à sa peine, mais vous oubliez la mienne. Que ce moment fut cruel pour moi!

MOI

Je le sais, je le sais. Je me souviens que, tandis qu'il exhalait sa plainte et sa douleur, vous versiez des larmes sur lui. Ce ne sont pas là de ces circonstances qui s'oublient.

DORVAL

Convenez que ce tableau n'aurait point eu lieu sur la scène; que les deux amis n'auraient osé se regarder en face, tourner le dos au spectateur, se grouper, se séparer, se rejoindre; et que toute leur action aurait été bien compassée, bien empesée, bien maniérée, et bien froide.

MOI

Je le crois.

DORVAL

Est-il possible qu'on ne sentira point que l'effet du malheur est de rapprocher les hommes; et qu'il est ridicule, surtout dans les moments de tumulte, lorsque les passions sont portées à l'excès, et que l'action est la plus agitée, de se tenir en rond, séparés, à une certaine distance les uns des autres, et dans un ordre symétrique.

Il faut que l'action théâtrale soit bien imparfaite encore, puisqu'on ne voit sur la scène presque aucune situation dont on pût faire une composition supportable en peinture. Quoi donc! la vérité y est-elle moins essentielle que sur la toile? Serait-ce une règle, qu'il faut s'éloigner de la chose à mesure que l'art en est plus voisin, et mettre moins de vraisemblance dans une scène vivante, où les hommes mêmes agissent, que dans une scène colorée, où l'on ne voit, pour ainsi dire, que leurs ombres?

Je pense, pour moi, que si un ouvrage dramatique était bien fait et bien représenté, la scène offrirait au spectateur autant de tableaux réels qu'il y aurait dans l'action de moments favorables au peintre.

MOI

Mais la décence! la décence!

DORVAL

Je n'entends répéter que ce mot. La maîtresse de [Barnwell] entre échevelée dans la prison de son amant. Les deux amis s'embrassent et tombent à terre. Philoctète se roulait autrefois à l'entrée de sa caverne. Il y faisait entendre les cris inarticulés de la douleur. Ces cris formaient un vers peu nombreux; mais les entrailles du spectateur en étaient déchirées. Avons-nous plus de délicatesse et plus de génie que les Athéniens ?... Quoi donc, pourrait-il y avoir rien de trop véhément dans l'action d'une mère dont on immole la fille ? Qu'elle coure sur la scène comme une femme furieuse ou troublée; qu'elle remplisse de cris son palais; que le désordre ait passé jusque dans ses vêtements, ces choses conviennent à son désespoir. Si la mère d'Iphigénie se montrait un moment reine d'Argos et femme du général des Grecs, elle ne me paraîtrait que la dernière des créatures. La véritable dignité, celle qui me frappe, qui me renverse, c'est le tableau de l'amour maternel dans toute sa vérité. »

En feuilletant le manuscrit, j'aperçus un petit coup de crayon que j'avais passé. Il était à l'endroit de la scène seconde du second acte, où Rosalie dit de l'objet qui l'a séduite, qu'*elle croyait y reconnaître la vérité de toutes les chimères de perfection qu'elle s'était faites.* Cette réflexion m'avait semblé un peu forte pour un enfant : et *les chimères de perfection,* s'écarter de son ton ingénu. J'en fis l'observation à Dorval. Il me renvoya, pour toute réponse, au manuscrit. Je le considérai avec attention; je vis que ces mots avaient été ajoutés après coup, de la main même de Rosalie; et je passai à d'autres choses.

MOI

Vous n'aimez pas les coups de théâtre ? lui dis-je.

DORVAL

Non.

MOI

En voici pourtant un, et des mieux arrangés.

DORVAL

Je le sais; et je vous l'ai cité.

MOI

C'est la base de toute votre intrigue.

DORVAL

J'en conviens.

MOI

Et c'est une mauvaise chose ?

DORVAL

Sans doute.

MOI

Pourquoi donc l'avoir employée ?

DORVAL

C'est que ce n'est pas une fiction, mais un fait. Il serait à souhaiter, pour le bien de l'ouvrage, que la chose fût arrivée tout autrement.

MOI

Rosalie vous déclare sa passion. Elle apprend qu'elle est aimée. Elle n'espère plus, elle n'ose plus vous revoir. Elle vous écrit.

DORVAL

Cela est naturel.

MOI

Vous lui répondez.

DORVAL

Il le fallait.

MOI

Clairville a promis à sa sœur que vous ne partiriez pas sans l'avoir vue. Elle vous aime. Elle vous l'a dit. Vous connaissez ses sentiments.

DORVAL

Elle doit chercher à connaître les miens.

MOI

Son frère va la trouver chez une amie, où des bruits

fâcheux qui se sont répandus sur la fortune de Rosalie et sur le retour de son père, l'ont appelée. On y savait votre départ. On en est surpris. On vous accuse d'avoir inspiré de la tendresse à sa sœur, et d'en avoir pris pour sa maîtresse.

DORVAL

La chose est vraie.

MOI

Mais Clairville n'en croit rien. Il vous défend avec vivacité. Il se fait une affaire. On vous appelle à son secours, tandis que vous répondez à la lettre de Rosalie. Vous laissez votre réponse sur la table.

DORVAL

Vous en eussiez fait autant, je pense.

MOI

Vous volez au secours de votre ami. Constance arrive. Elle se croit attendue. Elle se voit laissée. Elle ne comprend rien à ce procédé. Elle aperçoit la lettre que vous écriviez à Rosalie. Elle la lit et la prend pour elle.

DORVAL

Toute autre s'y serait trompée.

MOI

Sans doute; elle n'a aucun soupçon de votre passion pour Rosalie, ni de la passion de Rosalie pour vous; la lettre répond à une déclaration, et elle en a fait une.

DORVAL

Ajoutez que Constance a appris de son frère le secret de ma naissance, et que la lettre est d'un homme qui croirait manquer à Clairville, s'il prétendait à la personne dont il est épris. Ainsi Constance croit et doit se croire aimée; et de là, tous les embarras où vous m'avez vu.

MOI

Que trouvez-vous donc à redire à cela ? Il n'y a rien qui soit faux.

DORVAL

Ni rien qui soit assez vraisemblable. Ne voyez-vous pas qu'il faut des siècles, pour combiner un si grand nombre de circonstances ? Que les artistes se félicitent tant qu'ils voudront du talent d'arranger de pareilles rencontres; j'y trouverai de l'invention, mais sans goût véritable. Plus la marche d'une pièce est simple, plus elle est belle. Un poète qui aurait imaginé ce coup de théâtre et la situation du cinquième acte, où, m'approchant de Rosalie, je lui montre Clairville au fond du salon, sur un canapé, dans l'attitude d'un homme au désespoir, aurait bien peu de sens, s'il préférait le coup de théâtre au tableau. L'un est presque un enfantillage; l'autre est un trait de génie. J'en parle sans partialité. Je n'ai inventé ni l'un ni l'autre. Le coup de théâtre est un fait; le tableau, une circonstance heureuse que le hasard fit naître, et dont je sus profiter.

MOI

Mais, lorsque vous sûtes la méprise de Constance, que n'en avertissiez-vous Rosalie ? L'expédient était simple, et il remédiait à tout.

DORVAL

Oh! pour le coup, vous voilà bien loin du théâtre; et vous examinez mon ouvrage avec une sévérité à laquelle je ne connais pas de pièce qui résistât. Vous m'obligeriez de m'en citer une qui allât jusqu'au troisième acte, si chacun y faisait à la rigueur ce qu'il doit faire. Mais cette réponse, qui serait bonne pour un artiste, ne l'est pas pour moi. Il s'agit ici d'un fait, et non d'une fiction. Ce n'est point à un auteur, que vous demandez raison d'un incident; c'est à Dorval que vous demandez compte de sa conduite.

Je n'instruisis point Rosalie de l'erreur de Constance et de la sienne, parce qu'elle répondait à mes vues. Résolu de tout sacrifier à l'honnêteté, je regardai ce contretemps qui me séparait de Rosalie, comme un événement qui m'éloignait du danger. Je ne voulais point que Rosalie prît une fausse opinion de mon caractère; mais il m'importait bien davantage de ne manquer ni à moi-même, ni à mon ami. Je souffrais à le tromper, à tromper Constance, mais il le fallait.

MOI

Je le sens. A qui écriviez-vous, si ce n'était pas à Constance ?

DORVAL

D'ailleurs, il se passa si peu de temps entre ce moment et l'arrivée de mon père; et Rosalie vivait si renfermée! Il n'était pas question de lui écrire. Il est fort incertain qu'elle eût voulu recevoir ma lettre; et il est sûr qu'une lettre qui l'aurait convaincue de mon innocence, sans lui ouvrir les yeux sur l'injustice de nos sentiments, n'aurait fait qu'augmenter le mal.

MOI

Cependant vous entendez de la bouche de Clairville mille mots qui vous déchirent. Constance lui remet votre lettre. Ce n'est pas assez de cacher le penchant réel que vous avez; il faut en simuler un que vous n'avez pas. On arrange votre mariage avec Constance, sans que vous puissiez vous y opposer. On annonce cette agréable nouvelle à Rosalie, sans que vous puissiez la nier. Elle se meurt à vos yeux; et son amant, traité avec une dureté incroyable, tombe dans un état tout voisin du désespoir.

DORVAL

C'est la vérité; mais que pouvais-je à tout cela ?

MOI

A propos de cette scène de désespoir, elle est singulière. J'en avais été vivement affecté dans le salon. Jugez combien je fus surpris, à la lecture, d'y trouver des gestes et point de discours.

DORVAL

Voici une anecdote que je me garderais bien de vous dire, si j'attachais quelque mérite à cet ouvrage, et si je m'estimais beaucoup de l'avoir fait. C'est qu'arrivé à cet endroit de notre histoire et de la pièce, et ne trouvant en moi qu'une impression profonde sans la moindre idée de discours, je me rappelai quelques scènes de comédie, d'après lesquelles je fis de Clairville un désespéré très disert. Mais lui, parcourant son rôle légèrement, me dit : *Mon frère, voilà qui ne vaut rien. Il n'y a pas un seul mot de vérité dans toute cette rhétorique.* — Je le sais. Mais voyez et tâchez de faire mieux. — *Je n'aurai pas de peine. Il ne s'agit que de se remettre dans la situation, et que de s'écouter.* Ce fut apparemment ce qu'il fit. Le lendemain il m'apporta la scène que vous connaissez, telle qu'elle est, mot pour mot. Je la lus et relus plusieurs fois. J'y reconnus le ton de la nature; et demain, si vous voulez, je vous dirai quelques réflexions qu'elle m'a suggérées sur les passions, leur accent, la déclamation et la pantomime. Je vous reconduirai, ce soir, jusqu'au pied de la colline qui coupe en deux la distance de nos demeures; et nous y marquerons le lieu de notre rendez-vous. »

Chemin faisant, Dorval observait les phénomènes de la nature qui suivent le coucher du soleil; et il disait : « Voyez comme les ombres particulières s'affaiblissent à mesure que l'ombre universelle se fortifie... Ces larges bandes de pourpre nous promettent une belle journée... Voilà toute la région du ciel opposée au soleil couchant, qui commence à se teindre de violet... On n'entend plus dans la forêt que quelques oiseaux, dont le ramage tardif égaye encore le crépuscule... Le bruit des eaux courantes, qui commence à se séparer du bruit général, nous annonce que les travaux ont cessé en plusieurs endroits, et qu'il se fait tard. »

Cependant nous arrivâmes au pied de la colline. Nous y marquâmes le lieu de notre rendez-vous; et nous nous séparâmes.

SECOND ENTRETIEN

Le lendemain, je me rendis au pied de la colline. L'endroit était solitaire et sauvage. On avait en perspective quelques hameaux répandus dans la plaine; au-delà, une chaîne de montagnes inégales et déchirées qui terminaient en partie l'horizon. On était à l'ombre des chênes, et l'on entendait le bruit sourd d'une eau souterraine qui coulait aux environs. C'était la saison où la terre est couverte des biens qu'elle accorde au travail et à la sueur des hommes. Dorval était arrivé le premier. J'approchai de lui sans qu'il m'aperçût. Il s'était abandonné au spectacle de la nature. Il avait la poitrine élevée. Il respirait avec force. Ses yeux attentifs se portaient sur tous les objets. Je suivais sur son visage les impressions diverses qu'il en éprouvait; et je commençais à partager son transport, lorsque je m'écriai, presque sans le vouloir : « Il est sous le charme. »

Il m'entendit, et me répondit d'une voix altérée : « Il est vrai. C'est ici qu'on voit la nature. Voici le séjour sacré de l'enthousiasme. Un homme a-t-il reçu du génie ? il quitte la ville et ses habitants. Il aime, selon l'attrait de son cœur, à mêler ses pleurs au cristal d'une fontaine; à porter des fleurs sur un tombeau; à fouler d'un pied léger l'herbe tendre de la prairie; à traverser, à pas lents, des campagnes fertiles; à contempler les travaux des hommes; à fuir au fond des forêts. Il aime leur horreur secrète. Il erre. Il cherche un antre qui l'inspire. Qui est-ce qui mêle sa voix au torrent

qui tombe de la montagne ? Qui est-ce qui sent le
sublime d'un lieu désert ? Qui est-ce qui s'écoute dans
le silence de la solitude ? C'est lui. Notre poète habite
sur les bords d'un lac. Il promène sa vue sur les eaux,
et son génie s'étend. C'est là qu'il est saisi de cet
esprit, tantôt tranquille et tantôt violent, qui soulève
son âme ou qui l'apaise à son gré... O Nature, tout ce
qui est bien est renfermé dans ton sein! Tu es la source
féconde de toutes vérités!... Il n'y a dans ce monde que
la vertu et la vérité qui soient dignes de m'occuper...
L'enthousiasme naît d'un objet de la nature. Si l'esprit
l'a vu sous des aspects frappants et divers, il en est
occupé, agité, tourmenté. L'imagination s'échauffe; la
passion s'émeut. On est successivement étonné, attendri,
indigné, courroucé. Sans l'enthousiasme, ou l'idée
véritable ne se présente point, ou si, par hasard, on la
rencontre, on ne peut la poursuivre... Le poète sent
le moment de l'enthousiasme; c'est après qu'il a médité.
Il s'annonce en lui par un frémissement qui part de sa
poitrine, et qui passe, d'une manière délicieuse et
rapide, jusqu'aux extrémités de son corps. Bientôt ce
n'est plus un frémissement; c'est une chaleur forte et
permanente qui l'embrase, qui le fait haleter, qui le
consume, qui le tue; mais qui donne l'âme, la vie à
tout ce qu'il touche. Si cette chaleur s'accroissait
encore, les spectres se multiplieraient devant lui. Sa
passion s'élèverait presque au degré de la fureur. Il ne
connaîtrait de soulagement qu'à verser au dehors un
torrent d'idées qui se pressent, se heurtent et se
chassent. »

Dorval éprouvait à l'instant l'état qu'il peignait. Je
ne lui répondis point. Il se fit entre nous un silence pendant lequel je vis qu'il se tranquillisait. Bientôt il me
demanda, comme un homme qui sortirait d'un sommeil
profond : « Qu'ai-je dit ? Qu'avais-je à vous dire ?
Je ne m'en souviens plus.

MOI

Quelques idées, que la scène de Clairville désespéré
vous avait suggérées sur les passions, leur accent, la
déclamation, la pantomime.

DORVAL

La première, c'est qu'il ne faut point donner d'esprit à ses personnages; mais savoir les placer dans des circonstances qui leur en donnent... »

Dorval sentit, à la rapidité avec laquelle il venait de prononcer ces mots, qu'il restait encore de l'agitation dans son âme; il s'arrêta : et pour laisser le temps au calme de renaître ou plutôt pour opposer à son trouble une émotion plus violente, mais passagère, il me raconta ce qui suit :

« Une paysanne du village que vous voyez entre ces deux montagnes, et dont les maisons élèvent leur faîte au-dessus des arbres, envoya son mari chez ses parents, qui demeurent dans un hameau voisin. Ce malheureux y fut tué par un de ses beaux-frères. Le lendemain, j'allai dans la maison où l'accident était arrivé. J'y vis un tableau, et j'y entendis un discours que je n'ai point oubliés. Le mort était étendu sur un lit. Ses jambes nues pendaient hors du lit. Sa femme échevelée était à terre. Elle tenait les pieds de son mari; et elle disait en fondant en larmes, et avec une action qui en arrachait à tout le monde : « Hélas! quand je t'envoyai ici, je ne pensais pas que ces pieds te menaient à la mort. » Croyez-vous qu'une femme d'un autre rang aurait été plus pathétique ? Non. La même situation lui eût inspiré le même discours. Son âme eût été celle du moment; et ce qu'il faut que l'artiste trouve, c'est ce que tout le monde dirait en pareil cas; ce que personne n'entendra, sans le reconnaître aussitôt en soi.

« Les grands intérêts, les grandes passions. Voilà la source des grands discours, des discours vrais. Presque tous les hommes parlent bien en mourant.

« Ce que j'aime dans la scène de Clairville, c'est qu'il n'y a précisément que ce que la passion inspire, quand elle est extrême. La passion s'attache à une idée principale. Elle se tait, et elle revient à cette idée, presque toujours par exclamation.

« La pantomime si négligée parmi nous, est employée dans cette scène; et vous avez éprouvé vous-même avec quel succès!

« Nous parlons trop dans nos drames; et, conséquemment, nos acteurs n'y jouent pas assez. Nous
avons perdu un art, dont les anciens connaissaient bien
les ressources. Le pantomime jouait autrefois toutes
les conditions, les rois, les héros, les tyrans, les riches,
les pauvres, les habitants des villes, ceux de la campagne, choisissant dans chaque état ce qui lui est
propre; dans chaque action, ce qu'elle a de frappant.
Le philosophe Timocrate qui assistait un jour à ce spectacle, d'où la sévérité de son caractère l'avait toujours
éloigné, disait : *Quali spectaculo me philosophiæ vere-
cundia privavit!* Timocrate avait une mauvaise honte;
et elle a privé le philosophe d'un grand plaisir. Le
cynique Démétrius en attribuait tout l'effet aux instruments, aux voix et à la décoration, en présence d'un
pantomime qui lui répondit : « Regarde-moi jouer
seul; et dis, après cela, de « mon art tout ce que tu
voudras. » Les flûtes se taisent. Le pantomime joue, et
le philosophe, transporté, s'écrie : *Je ne te vois pas
seulement; je t'entends. Tu me parles des mains.*
    « Quel effet cet art, joint au discours, ne produi-
rait-il pas ? Pourquoi avons-nous séparé ce que la
nature a joint ? A tout moment, le geste ne répond-il
pas au discours ? Je ne l'ai jamais si bien senti, qu'en
écrivant cet ouvrage. Je cherchais ce que j'avais dit,
ce qu'on m'avait répondu; et ne trouvant que des
mouvements, j'écrivais le nom du personnage, et au-
dessous son action. Je dis à Rosalie, acte II, scène II :
*S'il était arrivé... que votre cœur surpris... fût entraîné
par un penchant... dont votre raison vous fît un crime...
J'ai connu cet état cruel!... Que je vous plaindrais!*
    « Elle me répond : *Plaignez-moi donc...* Je la plains,
mais c'est par le geste de commisération; et je ne pense
pas qu'un homme qui sent eût fait autre chose. Mais
combien d'autres circonstances, où le silence est
forcé ? Votre conseil exposerait-il celui qui le demande
à perdre la vie, s'il le suit; l'honneur, s'il ne le suit pas ?
vous ne serez ni cruel ni vil. Vous marquerez votre
perplexité par le geste; et vous laisserez l'homme se
déterminer.
    « Ce que je vis encore dans cette scène, c'est qu'il y a

des endroits qu'il faudrait presque abandonner à
l'acteur. C'est à lui à disposer de la scène écrite, à
répéter certains mots, à revenir sur certaines idées, à
en retrancher quelques-unes, et à en ajouter d'autres.
Dans les *cantabile*, le musicien laisse à un grand chanteur un libre exercice de son goût et de son talent :
il se contente de lui marquer les intervalles principaux
d'un beau chant. Le poète en devrait faire autant,
quand il connaît bien son acteur. Qu'est-ce qui nous
affecte dans le spectacle de l'homme animé de quelque
grande passion ? Sont-ce ses discours ? Quelquefois.
Mais ce qui émeut toujours, ce sont des cris, des
mots inarticulés, des voix rompues, quelques monosyllabes qui s'échappent par intervalles, je ne sais quel
murmure dans la gorge, entre les dents. La violence
du sentiment coupant la respiration et portant le
trouble dans l'esprit, les syllabes des mots se séparent,
l'homme passe d'une idée à une autre ; il commence
une multitude de discours ; il n'en finit aucun ; et, à
l'exception de quelques sentiments qu'il rend dans le
premier accès et auxquels il revient sans cesse, le reste
n'est qu'une suite de bruits faibles et confus, de sons
expirants, d'accents étouffés que l'acteur connaît
mieux que le poète. La voix, le ton, le geste, l'action,
voilà ce qui appartient à l'acteur ; et c'est ce qui nous
frappe, surtout dans le spectacle des grandes passions.
C'est l'acteur qui donne au discours tout ce qu'il a
d'énergie. C'est lui qui porte aux oreilles la force et
la vérité de l'accent.

MOI

J'ai pensé quelquefois que les discours des amants
bien épris, n'étaient pas des choses à lire, mais des
choses à entendre. Car, me disais-je, ce n'est pas
l'expression, *je vous aime*, qui a triomphé des rigueurs
d'une prude, des projets d'une coquette, de la vertu
d'une femme sensible : c'est le tremblement de voix
avec lequel il fut prononcé ; les larmes, les regards qui
l'accompagnèrent. Cette idée revient à la vôtre

DORVAL

C'est la même. Un ramage opposé à ces vraies voix
de la passion, c'est ce que nous appelons des *tirades*.
Rien n'est plus applaudi, et de plus mauvais goût.
Dans une représentation dramatique, il ne s'agit non
plus du spectateur que s'il n'existait pas. Y a-t-il
quelque chose qui s'adresse à lui ? L'auteur est sorti
de son sujet, l'acteur entraîné hors de son rôle. Ils
descendent tous les deux du théâtre. Je les vois dans
le parterre ; et tant que dure la tirade, l'action est sus-
pendue pour moi, et la scène reste vide.

Il y a, dans la composition d'une pièce dramatique,
une unité de discours qui correspond à une unité
d'accent dans la déclamation. Ce sont deux systèmes
qui varient, je ne dis pas de la comédie à la tragédie,
mais d'une coméide ou d'une tragédie à une autre.
S'il en était autrement, il y aurait un vice, ou dans le
poème, ou dans la représentation. Les personnages
n'auraient pas entre eux la liaison, la convenance à
laquelle ils doivent être assujettis, même dans les
contrastes. On sentirait, dans la déclamation, des dis-
sonances qui blesseraient. On reconnaîtrait, dans le
poème, un être qui ne serait pas fait pour la société dans
laquelle on l'aurait introduit.

C'est à l'acteur à sentir cette unité d'accent. Voilà
le travail de toute sa vie. Si ce tact lui manque, son jeu
sera tantôt faible, tantôt outré, rarement juste, bon
par endroits, mauvais dans l'ensemble.

Si la fureur d'être applaudi s'empare d'un acteur,
il exagère. Le vice de son action se répand sur l'action
d'un autre. Il n'y a plus d'unité dans la déclamation
de son rôle. Il n'y en a plus dans la déclamation de la
pièce. Je ne vois bientôt sur la scène qu'une assemblée
tumultueuse où chacun prend le ton qui lui plaît ;
l'ennui s'empare de moi ; mes mains se portent à mes
oreilles, et je m'enfuis.

Je voudrais bien vous parler de l'accent propre à
chaque passion. Mais cet accent se modifie en tant de
manières ; c'est un sujet si fugitif et si délicat, que je
n'en connais aucun qui fasse mieux sentir l'indigence

de toutes les langues qui existent et qui ont existé. On a une idée juste de la chose ; elle est présente à la mémoire. Cherche-t-on l'expression ? on ne la trouve point. On combine les mots de grave et d'aigu, de prompt et de lent, de doux et de fort ; mais le réseau, toujours trop lâche, ne retient rien. Qui est-ce qui pourrait décrire la déclamation de ces deux vers :

> Les a-t-on vus souvent se parler, se chercher ?
> Dans le fond des forêts allaient-ils se cacher ?

C'est un mélange de curiosité, d'inquiétude, de douleur, d'amour et de honte, que le plus mauvais tableau me peindrait mieux que le meilleur discours.

MOI

C'est une raison de plus pour écrire la pantomime.

DORVAL

Sans doute, l'intonation et le geste se déterminent réciproquement.

MOI

Mais l'intonation ne peut se noter, et il est facile d'écrire le geste. »

Dorval fit une pause en cet endroit. Ensuite il dit :

« Heureusement une actrice, d'un jugement borné, d'une pénétration commune, mais d'une grande sensibilité, saisit sans peine une situation d'âme, et trouve, sans y penser, l'accent qui convient à plusieurs sentiments différents qui se fondent ensemble, et qui constituent cette situation que toute la sagacité du philosophe n'analyserait pas.

« Les poètes, les acteurs, les musiciens, les peintres, les chanteurs de premier ordre, les grands danseurs, les amants tendres, les vrais dévots, toute cette troupe enthousiaste et passionnée sent vivement, et réfléchit peu.

« Ce n'est pas le précepte ; c'est autre chose de plus immédiat, de plus intime, de plus obscur et de plus certain qui les guide et qui les éclaire. Je ne peux vous dire quel cas je fais d'un grand acteur, d'une grande

actrice. Combien je serais vain de ce talent, si je l'avais!
Isolé sur la surface de la terre, maître de mon sort,
libre de préjugés, j'ai voulu une fois être comédien;
et qu'on me réponde du succès de Quinault-Dufresne,
et je le suis demain. Il n'y a que la médiocrité qui
donne du dégoût au théâtre; et, dans quelque état que
ce soit, que les mauvaises mœurs qui déshonorent. Au-
dessous de Racine et de Corneille, c'est Baron, la
Desmares, la de Seine, que je vois; au-dessous de
Molière et de Regnard, Quinault l'aîné et sa sœur.

« J'étais chagrin, quand j'allais au spectacle, et que
je comparais l'utilité des théâtres avec le peu de soin
qu'on prend à former les troupes. Alors je m'écriais :
« Ah! mes amis, si nous allons jamais à la Lampe-
« douse * fonder, loin de la terre, au milieu des flots de
« la mer, un petit peuple d'heureux! ce seront là nos
« prédicateurs; et nous les choisirons, sans doute,
« selon l'importance de leur ministère. Tous les peuples
« ont leurs sabbats, et nous aurons aussi les nôtres.
« Dans ces jours solennels, on représentera une belle
« tragédie, qui apprenne aux hommes à redouter les
« passions; une bonne comédie, qui les instruise de
« leurs devoirs, et qui leur en inspire le goût. »

---

* La Lampedouse est une petite île déserte de la mer d'Afrique,
située à une distance presque égale de la côte de Tunis et de l'île
de Malte. La pêche y est excellente. Elle est couverte d'oliviers
sauvages. Le terrain en serait fertile. Le froment et la vigne y
réussiraient. Cependant elle n'a jamais été habitée que par un
marabout et par un mauvais prêtre. Le marabout, qui avait
enlevé la fille du bey d'Alger, s'y était réfugié avec sa maîtresse,
et ils y accomplissaient l'œuvre de leur salut. Le prêtre, appelé
frère Clément, a passé dix ans à la Lampedouse, et y vivait
encore il n'y a pas longtemps. Il avait des bestiaux. Il cultivait
la terre. Il renfermait sa provision dans un souterrain; et il allait
vendre le reste sur les côtes voisines, où il se livrait au plaisir
tant que son argent durait. Il y a dans l'île une petite église,
divisée en deux chapelles, que les mahométans révèrent comme
les lieux de la sépulture du saint marabout et de sa maîtresse.
Frère Clément avait consacré l'une à Mahomet, et l'autre à
la sainte Vierge. Voyait-il arriver un vaisseau chrétien, il allumait la lampe de la Vierge. Si le vaisseau était mahométan, vite
il soufflait la lampe de la Vierge, et il allumait pour Mahomet.
(Note de Diderot.)

MOI

Dorval, j'espère qu'on n'y verra pas la laideur jouer le rôle de la beauté.

DORVAL

Je le pense. Quoi donc! n'y a-t-il pas dans un ouvrage dramatique assez de suppositions singulières auxquelles il faut que je me prête, sans éloigner encore l'illusion par celles qui contredisent et choquent mes sens ?

MOI

A vous dire vrai, j'ai quelquefois regretté les masques des anciens; et j'aurais, je crois, supporté plus patiemment les éloges donnés à un beau masque qu'à un visage déplaisant.

DORVAL

Et le contraste des mœurs de la pièce avec celles de la personne, vous a-t-il moins choqué ?

MOI

Quelquefois le spectateur n'a pu s'empêcher d'en rire, et l'actrice d'en rougir.

DORVAL

Non, je ne connais point d'état qui demandât des formes plus exquises, ni des mœurs plus honnêtes que le théâtre.

MOI

Mais nos sots préjugés ne nous permettent pas d'être bien difficiles.

DORVAL

Mais nous voilà bien loin de ma pièce. Où en étions-nous ?

MOI

A la scène d'André.

DORVAL

Je vous demande grâce pour cette scène. J'aime cette scène, parce qu'elle est d'une impartialité tout à fait honnête et cruelle.

MOI

Mais elle coupe la marche de la pièce et ralentit l'intérêt.

DORVAL

Je ne la lirai jamais sans plaisir. Puissent nos ennemis la connaître, en faire cas, et ne la relire jamais sans peine! Que je serais heureux, si l'occasion de peindre un malheur domestique avait encore été pour moi celle de repousser l'injure d'un peuple jaloux, d'une manière à laquelle ma nation pût se reconnaître, et qui ne laissât pas même à la nation ennemie la liberté de s'en offenser.

MOI

La scène est pathétique, mais longue.

DORVAL

Elle eût été et plus pathétique et plus longue, si j'en avais voulu croire André. « Monsieur, me dit-il après en avoir pris lecture, voilà qui est fort bien, mais il y a un petit défaut : c'est que cela n'est pas tout à fait dans la vérité. Vous dites, par exemple, qu'arrivé dans le port ennemi, lorsqu'on me sépara de mon maître, je l'appelai plusieurs fois, *mon maître, mon cher maître :* qu'il me regarda fixement, laissa tomber ses bras, se retourna, et suivit, sans parler, ceux qui l'environnaient.

« Ce n'est pas cela. Il fallait dire que, quand je l'eus appelé *mon maître, mon cher maître*, il m'entendit, se retourna, me regarda fixement; que ses mains se portèrent d'elles-mêmes à ses poches; et que, n'y trouvant rien, car l'Anglais avide n'y avait rien laissé, il laissa tomber ses bras tristement; que sa tête s'inclina vers moi d'un mouvement de compassion froide; qu'il se retourna, et suivit, sans parler, ceux qui l'environnaient. Voilà le fait.

« Ailleurs, vous passez de votre autorité une des choses qui marquent le plus la bonté de feu monsieur votre père ; cela est fort mal. Dans la prison, lorsqu'il sentit ses bras nus mouillés de mes larmes, il me dit : « Tu pleures, André ! Pardonne, mon ami ; c'est moi « qui t'ai entraîné ici : je le sais. Tu es tombé dans le « malheur à ma suite... » Voilà-t-il pas que vous pleurez vous-même ! Cela était donc bon à mettre ?

« Dans un autre endroit, vous faites encore pis. Lorsqu'il m'eut dit : « Mon enfant, prends courage, tu « sortiras d'ici : pour moi, je sens à ma faiblesse, qu'il « faut que j'y meure », je m'abandonnai à toute ma douleur, et je fis retentir le cachot de mes cris. Alors votre père me dit : « André, cesse ta plainte, res-« pecte la volonté du ciel et le malheur de ceux qui « sont à tes côtés, et qui souffrent en silence. » Et « où est-ce que cela est ?

« Et l'endroit du correspondant ? Vous l'avez si bien brouillé, que je n'y entends plus rien. Votre père me dit, comme vous l'avez rapporté, que cet homme avait agi, et que ma présence auprès de lui était sans doute le premier de ses bons offices. Mais il ajouta : « Oh ! mon enfant, quand Dieu ne m'aurait accordé « que la consolation de t'avoir dans ces moments « cruels, combien n'aurais-je pas de grâces à lui « rendre ? » Je ne trouve rien de cela dans votre papier. Monsieur, est-ce qu'il est défendu de prononcer sur la scène le nom de Dieu, ce nom saint que votre père avait si souvent à la bouche ? — Je ne crois pas, André. — Est-ce que vous avez appréhendé qu'on sût que votre père était chrétien ? — Nullement, André. La morale du chrétien est si belle ! Mais pourquoi cette question ? — Entre nous on dit... — Quoi ? — Que vous êtes... un peu... esprit fort ; et sur les endroits que vous avez retranchés, j'en croirais quelque chose. — André, je serais obligé d'en être d'autant meilleur citoyen et plus honnête homme. — Monsieur, vous êtes bon ; mais n'allez pas vous imaginer que vous valiez monsieur votre père. Cela viendra peut-être un jour. — André, est-ce là tout ? — J'aurais bien encore un mot à vous dire ; mais je n'ose. — Vous

pouvez parler. — Puisque vous me le permettez, vous
êtes un peu bref sur les bons procédés de l'Anglais
qui vint à notre secours. Monsieur, il y a d'honnêtes
gens partout... Mais vous êtes bien changé de ce que
vous étiez, si ce qu'on dit encore de vous est vrai.
— Et qu'est-ce qu'on dit encore ? — Que vous avez
été fou de ces gens-là. — André ! — Que vous regardiez
leur pays comme l'asile de la liberté, la patrie de la
vertu, de l'invention, de l'originalité. — André ! — A
présent cela vous ennuie. Eh bien ! n'en parlons plus.
Vous avez dit que le correspondant, voyant monsieur
votre père tout nu, se dépouilla et le couvrit de ses
vêtements. Cela est fort bien. Mais il ne fallait pas
oublier qu'un de ses gens en fit autant pour moi. Ce
silence, monsieur, retomberait sur mon compte, et
me donnerait un air d'ingratitude que je ne veux point
point avoir absolument. »

Vous voyez qu'André n'était pas tout à fait de
votre avis. Il voulait la scène comme elle s'est passée :
vous la voulez comme il convient à l'ouvrage; et c'est
moi seul qui ai tort de vous avoir mécontentés tous les
deux.

MOI

*Qui le faisait mourir dans le fond d'un cachot, sur
les haillons de son valet*, est un mot dur.

DORVAL

C'est un mot d'humeur; il échappe à un mélancolique qui a pratiqué la vertu toute sa vie, qui n'a pas
encore eu un moment de bonheur, et à qui l'on raconte
les infortunes d'un homme de bien.

MOI

Ajoutez que cet homme de bien est peut-être son
père; et que ces infortunes détruisent les espérances
de son ami, jettent sa maîtresse dans la misère, et
ajoutent une amertume nouvelle à sa situation. Tout
cela sera vrai. Mais vos ennemis ?

DORVAL

S'ils ont jamais connaissance de mon ouvrage, le

public sera leur juge et le mien. On leur citera cent endroits de Corneille, de Racine, de Voltaire et de Crébillon, où le caractère et la situation amènent des choses plus fortes, qui n'ont jamais scandalisé personne. Ils resteront sans réponse ; et l'on verra ce qu'ils n'ont garde de déceler, que ce n'est point l'amour du bien qui les anime, mais la haine de l'homme qui les dévore.

MOI

Mais, qu'est-ce que cet André ? Je trouve qu'il parle trop bien pour un domestique ; et je vous avoue qu'il y a dans son récit des endroits qui ne seraient point indignes de vous.

DORVAL

Je vous l'ai déjà dit ; rien ne rend éloquent comme le malheur. André est un garçon qui a eu de l'éducation, mais qui a été, je crois, un peu libertin dans sa jeunesse. On le fit passer aux îles, où mon père, qui se connaissait en hommes, se l'attacha, le mit à la tête de ses affaires, et s'en trouva bien. Mais suivons vos observations. Je crois apercevoir un petit trait à côté du monologue qui termine l'acte.

MOI

Cela est vrai.

DORVAL

Qu'est-ce qu'il signifie ?

MOI

Qu'il est beau, mais d'une longueur insupportable.

DORVAL

Eh bien, raccourcissons-le. Voyons : que voulez-vous en retrancher ?

MOI

Je n'en sais rien.

DORVAL

Cependant il est long.

MOI

Vous m'embarrasserez tant qu'il vous plaira, mais vous ne détruirez pas la sensation.

DORVAL

Peut-être.

MOI

Vous me ferez grand plaisir.

DORVAL

Je vous demanderai seulement, comment vous l'avez trouvé dans le salon.

MOI

Bien; mais je vous demanderai à mon tour, comment il arrive que ce qui m'a paru court à la représentation, me paraisse long à la lecture.

DORVAL

C'est que je n'ai point écrit la pantomime; et que vous ne vous l'êtes point rappelée. Nous ne savons point encore jusqu'où la pantomime peut influer sur la composition d'un ouvrage dramatique, et sur la représentation.

MOI

Cela peut être.

DORVAL

Et puis, je gage que vous me voyez encore sur la scène française, au théâtre.

MOI

Vous croyez donc que votre ouvrage ne réussirait point au théâtre ?

DORVAL

Difficilement. Il faudrait ou élaguer en quelques endroits le dialogue, ou changer l'action théâtrale et la scène.

MOI

Qu'appelez-vous changer la scène ?

DORVAL

En ôter tout ce qui resserre un lieu déjà trop étroit; avoir des décorations; pouvoir exécuter d'autres tableaux que ceux qu'on voit depuis cent ans; en un mot, transporter au théâtre le salon de Clairville, comme il est.

MOI

Il est donc bien important d'avoir une scène ?

DORVAL

Sans doute. Songez que le spectacle français comporte autant de décorations que le théâtre lyrique, et qu'il en offrirait de plus agréables, parce que le monde enchanté peut amuser des enfants, et qu'il n'y a que le monde réel qui plaise à la ...son... Faute de scène, on n'imaginera rien. Les hommes qui auront du génie se dégoûteront; les auteurs médiocres réussiront par une imitation servile; on s'attachera de plus en plus à de petites bienséances; et le goût national s'appauvrira... Avez-vous vu la salle de Lyon ? Je ne demanderais qu'un pareil monument dans la capitale, pour faire éclore une multitude de poèmes, et produire peut-être quelques genres nouveaux.

MOI

Je n'entends pas : vous m'obligerez de vous expliquer davantage.

DORVAL

Je le veux. »

Que ne puis-je rendre tout ce que Dorval me dit, et de la manière dont il le dit! Il débuta gravement; il s'échauffa peu à peu; ses idées se pressèrent; et il marchait sur la fin avec tant de rapidité, que j'avais peine à le suivre. Voici ce que j'ai retenu.

« Je voudrais bien, dit-il d'abord, persuader à ces

esprits timides, qui ne connaissent rien au-delà de ce qui est, que si les choses étaient autrement, ils les trouveraient également bien ; et que l'autorité de la raison n'étant rien devant eux, en comparaison de l'autorité du temps, ils approuveraient ce qu'ils reprennent, comme il leur est souvent arrivé de reprendre ce qu'ils avaient approuvé... Pour bien juger dans les beauxarts, il faut réunir plusieurs qualités rares... Un grand goût suppose un grand sens, une longue expérience, une âme honnête et sensible, un esprit élevé, un tempérament un peu mélancolique, et des organes délicats... »

Après un moment de silence, il ajouta :

« Je ne demanderais, pour changer la face du genre dramatique, qu'un théâtre très étendu, où l'on montrât, quand le sujet d'une pièce l'exigerait, une grande place avec les édifices adjacents, tels que le péristyle d'un palais, l'entrée d'un temple, différents endroits distribués de manière que le spectateur vît toute l'action, et qu'il y en eût une partie de cachée pour les acteurs.

« Telle fut, ou put être autrefois, la scène des *Euménides* d'Eschyle. D'un côté, c'était un espace sur lequel les Furies déchaînées cherchaient Oreste qui s'était dérobé à leur poursuite, tandis qu'elles étaient assoupies ; de l'autre, on voyait le coupable, le front ceint d'un bandeau, embrassant les pieds de la statue de Minerve, et implorant son assistance. Ici, Oreste adresse sa plainte à la déesse ; là, les Furies s'agitent ; elles vont, elles viennent, elles courent. Enfin une d'entre elles s'écrie : « Voici la trace du sang que le « parricide a laissé sur ses pas... Je le sens, je le sens... » Elle marche. Ses sœurs impitoyables la suivent : elles passent, de l'endroit où elles étaient, dans l'asile d'Oreste. Elles l'environnent, en poussant des cris, en frémissant de rage, en secouant leurs flambeaux. Quel moment de terreur et de pitié que celui où l'on entend la prière et les gémissements du malheureux percer à travers les cris et les mouvements effroyables des êtres cruels qui le cherchent ! Exécuterons-nous rien de pareil sur nos théâtres ? On n'y peut jamais montrer qu'une action, tandis que dans la nature il y en a presque toujours de simultanées, dont les représentations concomitantes, se fortifiant réciproquement, produiraient sur nous des effets terribles. C'est alors qu'on tremblerait d'aller au spectacle, et qu'on ne pourrait s'en empêcher ; c'est alors qu'au lieu de ces petites émotions passagères, de ces froids applaudissements, de ces larmes rares dont le poëte se contente, il renverserait les esprits, il porterait dans les âmes le trouble et l'épouvante ; et que l'on verrait ces phénomènes de la tragédie ancienne, si possibles et si peu crus, se renouveler parmi nous. Ils attendent, pour se montrer, un homme de génie qui sache combiner la pantomime avec le discours, entremêler une scène parlée avec une scène muette, et tirer parti de la réunion des deux scènes, et surtout de l'approche ou terrible ou comique de cette réunion qui se ferait toujours. Après que les Euménides se sont agitées sur la scène, elles arrivent dans le sanctuaire où le coupable s'est réfugié ; et les deux scènes n'en font qu'une.

MOI

Deux scènes alternativement muettes et parlées. Je vous entends. Mais la confusion ?

DORVAL

Une scène muette est un tableau ; c'est une décoration animée. Au théâtre lyrique, le plaisir de voir nuit-il au plaisir d'entendre ?

MOI

Non... Mais serait-ce ainsi qu'il faudrait entendre ce qu'on nous raconte de ces spectacles anciens, où la musique, la déclamation et la pantomime étaient tantôt réunies et tantôt séparées ?

DORVAL

Quelquefois ; mais cette discussion nous éloignerait : attachons-nous à notre sujet. Voyons ce qui serait possible aujourd'hui ; et prenons un exemple domestique et commun.

Un père a perdu son fils dans un combat singulier : c'est la nuit. Un domestique, témoin du combat, vient annoncer cette nouvelle. Il entre dans l'appartement du père malheureux, qui dormait. Il se promène. Le bruit d'un homme qui marche l'éveille. Il demande qui c'est. — C'est moi, monsieur, lui répond le domestique d'une voix altérée. — Eh bien! qu'est-ce qu'il y a ? — Rien. — Comment, rien ? — Non, monsieur. — Cela n'est pas. Tu trembles; tu détournes la tête; tu évites ma vue. Encore un coup, qu'est-ce qu'il y a ? je veux le savoir. Parle! je te l'ordonne. — Je vous dis, monsieur, qu'il n'y a rien, lui répond encore le domestique en versant des larmes. — Ah! malheureux, s'écrie le père, en s'élançant du lit sur lequel il reposait; tu me trompes. Il est arrivé quelque grand malheur... Ma femme est-elle morte ? — Non, monsieur. — Ma fille ? — Non, monsieur. — C'est donc mon fils ?... Le domestique se tait; le père entend son silence; il se jette à terre; il remplit son appartement de sa douleur et de ses cris. Il fait, il dit tout ce que le désespoir suggère à un père qui perd son fils, l'espérance unique de sa famille.

Le même homme court chez la mère : elle dormait aussi. Elle se réveille au bruit de ses rideaux tirés avec violence. Qu'y a-t-il ? demande-t-elle. — Madame, le malheur le plus grand. Voici le moment d'être chrétienne. Vous n'avez plus de fils. — Ah Dieu! s'écrie cette mère affligée. Et prenant un Christ qui était à son chevet, elle le serre entre ses bras; elle y colle sa bouche; ses yeux fondent en larmes; et ces larmes arrosent son Dieu cloué sur une croix.

Voilà le tableau de la femme pieuse : bientôt nous verrons celui de l'épouse tendre et de la mère désolée. Il faut, à une âme où la religion domine les mouvements de la nature, une secousse plus forte pour en arracher de véritables voix.

Cependant on avait porté dans l'appartement du père le cadavre de son fils; et il s'y passait une scène de désespoir, tandis qu'il se faisait une pantomime de piété chez la mère.

Vous voyez combien la pantomime et la déclamation changent alternativement de lieu. Voilà ce qu'il faut substituer à nos *aparté*. Mais le moment de la réunion des scènes approche. La mère, conduite par le domestique, s'avance vers l'appartement de son époux... Je demande ce que devient le spectateur pendant ce mouvement ?... C'est un époux, c'est un père étendu sur le cadavre d'un fils, qui va frapper les regards d'une mère! Mais elle a traversé l'espace qui sépare les deux scènes. Des cris lamentables ont atteint son oreille. Elle a vu. Elle se rejette en arrière. La force l'abandonne, et elle tombe sans sentiment entre les bras de celui qui l'accompagne. Bientôt sa bouche se remplira de sanglots. *Tum veræ voces.*

Il y a peu de discours dans cette action; mais un homme de génie, qui aura à remplir les intervalles vides, n'y répandra que quelques monosyllabes; il jettera ici une exclamation; là, un commencement de phrase : il se permettra rarement un discours suivi, quelque court qu'il soit.

Voilà de la tragédie; mais il faut, pour ce genre, des auteurs, des acteurs, un théâtre, et peut-être un peuple.

MOI

Quoi! vous voudriez, dans une tragédie, un lit de repos, une mère, un père endormis, un crucifix, un cadavre, deux scènes alternativement muettes et parlées! Et les bienséances ?

DORVAL

Ah! bienséances cruelles, que vous rendez les ouvrages décents et petits!... Mais, ajouta Dorval d'un sang-froid qui me surprit, ce que je propose ne se peut donc plus ?

MOI

Je ne crois pas que nous en venions jamais là.

DORVAL

Eh bien, tout est perdu! Corneille, Racine, Voltaire, Crébillon, ont reçu les plus grands applaudissements auxquels des hommes de génie pouvaient prétendre;

et la tragédie est arrivée parmi nous au plus haut
degré de perfection. »

Pendant que Dorval parlait ainsi, je faisais une
réflexion singulière. C'est comment, à l'occasion d'une
aventure domestique qu'il avait mise en comédie, il
établissait des préceptes communs à tous les genres
dramatiques, et était toujours entraîné par sa mélancolie à ne les appliquer qu'à la tragédie.

Après un moment de silence, il dit :

« Il y a cependant une ressource : il faut espérer que
quelque jour un homme de génie sentira l'impossi-
bilité d'atteindre ceux qui l'ont précédé dans une route
battue, et se jettera de dépit dans une autre; c'est le
seul événement qui puisse nous affranchir de plusieurs
préjugés que la philosophie a vainement attaqués. Ce
ne sont plus des raisons, c'est une production qu'il
nous faut.

MOI

Nous en avons une.

DORVAL

Quelle ?

MOI

Sylvie, tragédie en un acte et en prose.

DORVAL

Je la connais : c'est *le Jaloux*, tragédie. L'ouvrage est d'un homme qui pense et qui sent.

MOI

La scène s'ouvre par un tableau charmant : c'est
l'intérieur d'une chambre dont on ne voit que les murs.
Au fond de la chambre, il y a, sur une table, une lumière,
un pot à l'eau et un pain : voilà le séjour et la nourri-
ture qu'un mari jaloux destine, pour le reste de ses
jours, à une femme innocente, dont il a soupçonné la
vertu.

Imaginez, à présent, cette femme en pleurs, devant
cette table : Mlle Gaussin.

DORVAL

Et vous, jugez de l'effet des tableaux par celui que vous me citez. Il y a dans la pièce d'autres détails qui m'ont plu. Elle suffit pour éveiller un homme de génie; mais il faut un autre ouvrage pour convertir un peuple. »

En cet endroit, Dorval s'écria : « O toi qui possèdes toute la chaleur du génie à un âge où il reste à peine aux autres une froide raison, que ne puis-je être à tes côtés, ton Euménide ? je t'agiterais sans relâche. Tu le ferais, cet ouvrage; je te rappellerais les larmes que nous a fait répandre la scène de l'Enfant prodigue et de son valet; et, en disparaissant d'entre nous, tu ne nous laisserais pas le regret d'un genre dont tu pouvais être le fondateur.

MOI

Et ce genre, comment l'appellerez-vous ?

DORVAL

La tragédie domestique et bourgeoise. Les Anglais ont *le Marchand de Londres* et *le Joueur* tragédies en prose. Les tragédies de Shakespeare sont moitié vers et moitié prose. Le premier poète qui nous fit rire avec de la prose, introduisit la prose dans la comédie. Le premier poète qui nous fera pleurer avec de la prose, introduira la prose dans la tragédie.

Mais dans l'art, ainsi que dans la nature, tout est enchaîné; si l'on se rapproche d'un côté de ce qui est vrai, on s'en rapprochera de beaucoup d'autres. C'est alors que nous verrons sur la scène des situations naturelles qu'une décence ennemie du génie et des grands effets a proscrites. Je ne me lasserai point de crier à nos Français : La Vérité! la Nature! les Anciens! Sophocle! Philoctète! Le poète l'a montré sur la scène, couché à l'entrée de sa caverne, et couvert de lambeaux déchirés. Il s'y roule; il y éprouve une attaque de douleur; il y crie; il y fait entendre des voix inarticulées. La décoration était sauvage; la pièce marchait sans appareil. Des habits vrais, des discours **vrais, une intrigue** simple et naturelle. Notre goût

serait bien dégradé, si ce spectacle ne nous affectait
pas davantage que celui d'un homme richement vêtu,
apprêté dans sa parure...

MOI

Comme s'il sortait de sa toilette.

DORVAL

Se promenant à pas comptés sur la scène, et battant
nos oreilles de ce qu'Horace appelle

...... Ampullas, et sesquipedalia verba,

« des sentences, des bouteilles soufflées, des mots
longs d'un pied et demi. »
   Nous n'avons rien épargné pour corrompre le genre
dramatique. Nous avons conservé des Anciens l'emphase de la versification qui convenait tant à des langues
à quantité forte et à accent marqué, à des théâtres
spacieux, à une déclamation notée et accompagnée
d'instruments; et nous avons abandonné la simplicité
de l'intrigue et du dialogue, et la vérité des tableaux.
   Je ne voudrais pas remettre sur la scène les grands
socs et les hauts cothurnes, les habits colossals, les
masques, les porte-voix, quoique toutes ces choses ne
fussent que les parties nécessaires d'un système théâtral. Mais, n'y avait-il pas dans ce système des côtés
précieux ? et croyez-vous qu'il fût à propos d'ajouter
encore des entraves au génie, au moment où il se
trouvait privé d'une grande ressource ?

MOI

Quelle ressource ?

DORVAL

Le concours d'un grand nombre de spectateurs.
   Il n'y a plus, à proprement parler, de spectacles
publics. Quel rapport entre nos assemblées au théâtre
dans les jours les plus nombreux, et celles du peuple
d'Athènes ou de Rome ? Les théâtres anciens recevaient
jusqu'à quatre-vingt mille citoyens. La scène de Scaurus
était décorée de trois cent soixante colonnes et de

trois mille statues. On employait, à la construction de ces édifices, tous les moyens de faire valoir les instruments et les voix. On en avait l'idée d'un grand instrument. *Uti enim organa in æneis laminis, aut corneis [echeis] ad chordarum sonituum claritatem perficiuntur : sic theatrorum, per harmonicen, ad augendam vocem, ratiocinationes ab antiquis sunt constitutæ.* »

En cet endroit, j'interrompis Dorval, et je lui dis : « J'aurais une petite aventure à vous raconter sur nos salles de spectacles.

— Je vous la demanderai, » me répondit-il; et il continua :

« Jugez de la force d'un grand concours de spectateurs, par ce que vous savez vous-même de l'action des hommes les uns sur les autres, et de la communication des passions dans les émeutes populaires. Quarante à cinquante mille hommes ne se contiennent pas par décence. Et s'il arrivait à un grand personnage de la république de verser une larme, quel effet croyez-vous que sa douleur dût produire sur le reste des spectateurs ? Y a-t-il rien de plus pathétique que la douleur d'un homme vénérable ?

« Celui qui ne sent pas augmenter sa sensation par le grand nombre de ceux qui la partagent, a quelque vice secret; il y a dans son caractère je ne sais quoi de solitaire qui me déplaît.

« Mais, si le concours d'un grand nombre d'hommes devait ajouter à l'émotion du spectateur, quelle influence ne devait-il point avoir sur les auteurs, sur les acteurs ? Quelle différence, entre amuser tel jour, depuis telle jusqu'à telle heure, dans un petit endroit obscur, quelques centaines de personnes; ou fixer l'attention d'une nation entière dans ses jours solennels, occuper ses édifices les plus somptueux, et voir ces édifices environnés et remplis d'une multitude innombrable, dont l'amusement ou l'ennui va dépendre de notre talent ? »

MOI

Vous attachez bien de l'effet à des circonstances purement locales.

DORVAL

Celui qu'elles auraient sur moi; et je crois sentir juste.

MOI

Mais on dirait, à vous entendre, que ce sont ces circonstances qui ont soutenu et peut-être introduit la poésie et l'emphase au théâtre.

DORVAL

Je n'exige pas qu'on admette cette conjecture. Je demande qu'on l'examine. N'est-il pas assez vraisemblable que le grand nombre des spectateurs auxquels il fallait se faire entendre, malgré le murmure confus qu'ils excitent, même dans les moments attentifs, a fait élever la voix, détacher les syllabes, soutenir la prononciation, et sentir l'utilité de la versification ? Horace dit du vers dramatique :

Vincentem strepitus, et natum rebus agendis

« Il est commode pour l'intrigue, et il se fait entendre à travers le bruit. » Mais ne fallait-il pas que l'exagération se répandît en même temps et par la même cause, sur la démarche, le geste et toutes les autres parties de l'action ? De là vint un art qu'on appela la déclamation.

Quoi qu'il en soit; que la poésie ait fait naître la déclamation théâtrale; que la nécessité de cette déclamation ait introduit, ait soutenu sur la scène la poésie et son emphase; ou, que ce système, formé peu à peu, ait duré par la convenance de ses parties, il est certain que tout ce que l'action dramatique a d'énorme, se produit et disparaît en même temps. L'acteur laisse et reprend l'exagération sur la scène.

Il y a une sorte d'unité qu'on cherche sans s'en apercevoir, et à laquelle on se fixe, quand on l'a trouvée. Cette unité ordonne des vêtements, du ton, du geste, de la contenance, depuis la chaire placée dans les temples, jusqu'aux tréteaux élevés dans les carrefours. Voyez un charlatan au coin de la place Dauphine; il est bigarré de toutes sortes de couleurs; ses doigts sont chargés de bagues; de longues plumes rouges flottent autour de son chapeau. Il mène avec lui un singe ou un ours; il s'élève sur ses étriers; il crie à pleine tête; il gesticule de la manière la plus outrée : et toutes ces choses conviennent au lieu, à l'orateur et à son auditoire. J'ai un peu étudié le système dramatique des Anciens. J'espère vous en entretenir un jour, vous exposer, sans partialité, sa nature, ses défauts et ses avantages, et vous montrer que ceux qui l'ont attaqué ne l'avaient pas considéré d'assez près... Et l'aventure que vous aviez à me raconter sur nos salles de spectacles ?

MOI

La voici. J'avais un ami un peu libertin. Il se fit une affaire sérieuse en province. Il fallut se dérober aux suites qu'elle pouvait avoir, en se réfugiant dans la capitale; et il vint s'établir chez moi. Un jour de spectacle, comme je cherchais à désennuyer mon prisonnier, je lui proposai d'aller au spectacle. Je ne sais auquel des trois. Cela est indifférent à mon histoire. Mon ami accepte. Je le conduis. Nous arrivons; mais à l'aspect de ces gardes répandus, de ces petits guichets obscurs qui servent d'entrée, et de ce trou fermé d'une grille de fer, par lequel on distribue les billets, le jeune homme s'imagine qu'il est à la porte d'une maison de force, et que l'on a obtenu un ordre pour l'y enfermer. Comme il est brave, il s'arrête de pied ferme; il met la main sur la garde de son épée; et, tournant sur moi des yeux indignés, il s'écrie, d'un ton mêlé de fureur et de mépris : *Ah! mon ami!* Je le compris. Je le rassurai; et vous conviendrez que son erreur n'était pas déplacée...

DORVAL

Mais où en sommes-nous de notre examen ? Puisque c'est vous qui m'égarez, vous vous chargez sans doute de me remettre dans la voie.

MOI

Nous en sommes au quatrième acte, à votre scène

avec Constance... Je n'y vois qu'un coup de crayon;
mais il s'étend depuis la première ligne jusqu'à la
dernière.

DORVAL

Qu'est-ce qui vous en a déplu ?

MOI

Le ton d'abord; il me paraît au-dessus d'une
femme.

DORVAL

D'une femme ordinaire, je le crois. Mais vous
connaîtrez Constance; et peut-être alors la scène vous
paraîtra-t-elle au-dessous d'elle.

MOI

Il y a des expressions, des pensées qui sont moins
d'elle que de vous.

DORVAL

Cela doit être. Nous empruntons nos expressions,
nos idées des personnes avec lesquelles nous conver-
sons, nous vivons. Selon l'estime que nous en faisons
(et Constance m'estime beaucoup), notre âme prend
des nuances plus ou moins fortes de la leur. Mon
caractère a dû refléter sur le sien; et le sien sur celui de
Rosalie.

MOI

Et la longueur ?

DORVAL

Ah! vous voilà remonté sur la scène. Il y a longtemps
que cela ne vous était arrivé. Vous nous voyez, Constance et moi, sur le bord d'une planche, bien droits,
nous regardant de profil, et récitant alternativement
la demande et la réponse. Mais est-ce ainsi que cela
se passait dans le salon ? Nous étions tantôt assis,
tantôt droits; nous marchions quelquefois. Souvent
nous étions arrêtés, et nullement pressés de voir la

fin d'un entretien qui nous intéressait tous deux également. Que ne me dit-elle point ? que ne lui répondis-je pas ? Si vous saviez comment elle s'y prenait, lorsque cette âme féroce se fermait à la raison, pour y faire descendre les douces illusions et le calme ! *Dorval, vos filles seront honnêtes et décentes, vos fils seront nobles et fiers. Tous vos enfants seront charmants...* Je ne peux vous exprimer quel fut le prestige de ces mots accompagnés d'un souris plein de tendresse et de dignité.

MOI

Je vous comprends. J'entends ces mots de la bouche de Mlle Clairon, et je la vois.

DORVAL

Non, il n'y a que les femmes qui possèdent cet art secret. Nous sommes des raisonneurs durs et secs.

« Ne vaut-il pas mieux encore, me disait-elle, faire des ingrats, que de manquer à faire le bien ?

« Les parents ont pour leurs enfants un amour inquiet et pusillanime qui les gâte. Il en est un autre attentif et tranquille, qui les rend honnêtes ; et c'est celui-ci, qui est le véritable amour de père.

« L'ennui de tout ce qui amuse la multitude, est la suite du goût réel pour la vertu.

« Il y a un tact moral qui s'étend à tout, et que le méchant n'a point.

« L'homme le plus heureux est celui qui fait le bonheur d'un plus grand nombre d'autres.

« Je voudrais être mort, est un souhait fréquent qui prouve, du moins quelquefois, qu'il y a des choses plus précieuses que la vie.

« Un honnête homme est respecté de ceux même qui ne le sont pas, fût-il dans une autre planète.

« Les passions détruisent plus de préjugés que la philosophie. Et comment le mensonge leur résisterait-il ? Elles ébranlent quelquefois la vérité. »

Elle me dit un autre mot, simple à la vérité, mais si voisin de ma situation, que j'en fus effrayé.

C'est qu' « il n'y avait point d'homme, quelque honnête qu'il fût, qui, dans un violent accès de passion, ne désirât, au fond de son cœur, les honneurs de la vertu et les avantages du vice. »

Je me rappelai bien ces idées; mais l'enchaînement ne me revint pas; et elles n'entrèrent point dans la scène. Ce qu'il y en a, et ce que je viens de vous en dire suffit, je crois, pour vous montrer que Constance a l'habitude de penser. Aussi m'enchaîna-t-elle, sa raison dissipant, comme de la poussière, tout ce que je lui opposais dans mon humeur.

MOI

Je vois, dans cette scène, un endroit que j'ai souligné; mais je ne sais plus à quel propos.

DORVAL

Lisez l'endroit. »

Je lus : « Rien ne captive plus fortement que l'exemple de la vertu, pas même l'exemple du vice. »

DORVAL

J'entends. La maxime vous a paru fausse.

MOI

C'est cela.

« Je pratique trop peu la vertu, me dit Dorval; mais personne n'en a une plus haute idée que moi. Je vois la vérité et la vertu comme deux grandes statues élevées sur la surface de la terre, et immobiles au milieu du ravage et des ruines de tout ce qui les environne. Ces grandes figures sont quelquefois couvertes de nuages. Alors les hommes se meuvent dans les ténèbres. Ce sont les temps de l'ignorance et du crime, du fanatisme et des conquêtes. Mais il vient un moment où le nuage s'entr'ouvre; alors les hommes prosternés reconnaissent la vérité et rendent hommage à la vertu. Tout passe; mais la vertu et la vérité restent.

« Je définis la vertu, le goût de l'ordre dans les choses morales. Le goût de l'ordre en général nous domine dès la plus tendre enfance; il est plus ancien dans notre âme, me disait Constance, qu'aucun sentiment réfléchi; et c'est ainsi qu'elle m'opposait à moi-même; il agit en nous, sans que nous nous en apercevions; c'est le germe de l'honnêteté et du bon goût; il nous porte au bien, tant qu'il n'est point gêné par la passion; il nous suit jusque dans nos écarts; alors il dispose les moyens de la manière la plus avantageuse pour le mal. S'il pouvait jamais être étouffé, il y aurait des hommes qui sentiraient le remords de la vertu, comme d'autres sentent le remords du vice. Lorsque je vois un scélérat capable d'une action héroïque, je demeure convaincu que les hommes de bien sont plus réellement hommes de bien, que les méchants ne sont vraiment méchants; que la bonté nous est plus indivisiblement attachée que la méchanceté et, qu'en général, il reste plus de bonté dans l'âme d'un méchant, que de méchanceté dans l'âme des bons.

MOI

Je sens d'ailleurs qu'il ne faut pas examiner la morale d'une femme comme les maximes d'un philosophe.

DORVAL

Ah! si Constance vous entendait!...

MOI

Mais cette morale n'est-elle pas un peu forte pour le genre dramatique?

DORVAL

Horace voulait qu'un poète allât puiser sa science dans les ouvrages de Socrate :

Rem tibi Socraticæ poterunt ostendere chartæ.

Or, je crois qu'en un ouvrage, quel qu'il soit, l'esprit du siècle doit se remarquer. Si la morale s'épure, si le préjugé s'affaiblit, si les esprit ont une pente à la bienfaisance générale, si le goût des choses utiles s'est répandu, si le peuple s'intéresse aux opérations du ministre, il faut qu'on s'en aperçoive, même dans une comédie.

MOI

Malgré tout ce que vous me dites, je persiste. Je

trouve la scène fort belle et fort longue ; je n'en respecte pas moins Constance ; je suis enchanté qu'il y ait au monde une femme comme elle, et que ce soit la vôtre...

Les coups de crayon commencent à s'éclaircir. En voici pourtant encore un.

Clairville a remis son sort entre vos mains ; il vient apprendre ce que vous avez décidé. Le sacrifice de votre passion est fait, celui de votre fortune est résolu. Clairville et Rosalie redeviennent opulents par votre générosité. Celez à votre ami cette circonstance, je le veux ; mais, pourquoi vous amuser à le tourmenter, en lui montrant des obstacles qui ne subsistent plus ? Cela amène l'éloge du commerce, je le sais. Cet éloge est sensé, il étend l'instruction et l'utilité de l'ouvrage ; mais il allonge, et je le supprimerais.

> .... Ambitiosa recidet
> Ornamenta................

« Je vois, me répondit Dorval, que vous êtes heureusement né. Après un violent effort, il est une sorte de délassement auquel il est impossible de se refuser, et que vous connaîtriez si l'exercice de la vertu vous avait été pénible. Vous n'avez jamais eu besoin de respirer... Je jouissais de ma victoire. Je faisais sortir du cœur de mon ami les sentiments les plus honnêtes ; je le voyais toujours plus digne de ce que je venais de faire pour lui. Et cette action ne vous paraît pas naturelle ! Reconnaissez au contraire, à ces caractères, la différence d'un événement imaginaire et d'un événement réel.

MOI

Vous pouvez avoir raison. Mais, dites-moi, Rosalie n'aurait-elle point ajouté après coup cet endroit de la première scène du [quatrième] acte ? « Amant qui m'étais autrefois si cher ! Clairville que j'estime toujours, etc. »

DORVAL

Vous l'avez deviné.

MOI

Il ne me reste presque plus que des éloges à vous
faire. Je ne peux vous dire combien je suis content de
la scène troisième du cinquième acte. Je me disais,
avant que de la lire : Il se propose de détacher Rosalie.
C'est un projet fou qui lui a mal réussi avec Constance,
et qui ne lui réussira pas mieux avec l'autre. Que lui
dira-t-il, qui ne doive encore augmenter son estime et
sa tendresse ? Voyons cependant. Je lus ; et je demeurai
convaincu qu'à la place de Rosalie, il n'y avait point
de femme en qui il restât quelques vestiges d'honnêteté, qui n'eût été détachée et rendue à son amant ;
et je conçus qu'il n'y avait rien qu'on ne pût sur le
cœur humain, avec de la vérité, de l'honnêteté et de
l'éloquence.

Mais comment est-il arrivé que votre pièce ne soit
pas d'invention, et que les moindres événements y
soient préparés ?

DORVAL

L'art dramatique ne **prépare** les événements que pour
les enchaîner ; et il ne les **enchaîne** dans ses productions,
que parce qu'ils le sont dans la nature. L'art imite
jusqu'à la manière subtile avec laquelle la nature nous
dérobe la liaison de ses effets.

MOI

La pantomime préparerait, ce me semble, quelquefois
d'une manière bien naturelle et bien déliée.

DORVAL

Sans doute : et il y en a un exemple dans la pièce.
Tandis qu'André nous annonçait les malheurs arrivés
à son maître, il me vint cent fois dans la pensée qu'il
parlait de mon père ; je te témoignai cette inquiétude
par les mouvements sur lesquels il eût été facile à un
spectateur attentif de prendre le même soupçon.

MOI

Dorval, je vous dis tout. J'ai remarqué de temps en
temps des expressions qui ne sont pas d'usage au
théâtre.

DORVAL

Mais que personne n'oserait relever, si un auteur de nom les eût employées.

MOI

D'autres qui sont dans la bouche de tout le monde, dans les ouvrages des meilleurs écrivains, et qu'il serait impossible de changer sans gâter la pensée; mais vous savez que la langue du spectacle s'épure, à mesure que les mœurs d'un peuple se corrompent, et que le vice se fait un idiome qui s'étend peu à peu, et qu'il faut connaître, parce qu'il est dangereux d'employer les expressions dont il s'est une fois emparé.

DORVAL

Ce que vous dites est bien vu. Il ne reste plus qu'à savoir où s'arrêtera cette sorte de condescendance qu'il faut avoir pour le vice. Si la langue de la vertu s'appauvrit à mesure que celle du vice s'étend, bientôt on en sera réduit à ne pouvoir parler sans dire une sottise. Pour moi, je pense qu'il y a mille occasions où un homme ferait honneur à son goût et à ses mœurs, en méprisant cette espèce d'invasion du libertinage.

Je vois déjà, dans la société, que si quelqu'un s'avise de montrer une oreille trop délicate, on en rougit pour lui. Le théâtre français attendra-t-il, pour suivre cet exemple, que son dictionnaire soit aussi borné que le dictionnaire du théâtre lyrique, et que le nombre des expressions honnêtes soit égal à celui des expressions musicales ?

MOI

Voilà tout ce que j'avais à vous observer sur le détail de votre ouvrage. Quant à la conduite, j'y trouve un défaut; peut-être est-il inhérent au sujet; vous en jugerez. L'intérêt change de nature. Il est, du premier acte jusqu'à la fin du troisième, de la vertu malheureuse; et dans le reste de la pièce, de la vertu victorieuse. Il fallait, et il eût été facile d'entretenir le tumulte, et de prolonger les épreuves et le malaise de la vertu.

Par exemple, que tout reste comme il est depuis le

commencement de la pièce jusqu'à la quatrième scène du troisième acte : c'est le moment où Rosalie apprend que vous épousez Constance, s'évanouit de douleur, et dit à Clairville, dans son dépit : « Laissez-moi... Je vous hais... ; » qu'alors Clairville conçoive des soupçons ; que vous preniez de l'humeur contre un ami importun qui vous perce le cœur, sans s'en douter ; et que le troisième acte finisse.

Voici maintenant comment j'arrangerais le quatrième. Je laisse la première scène à peu près comme elle est ; seulement Justine apprend à Rosalie qu'il est venu un émissaire de son père ; qu'il a vu Constance en secret ; et qu'elle a tout lieu de croire qu'il apporte de mauvaises nouvelles. Après cette scène, je transporte la scène seconde du troisième acte, celle où Clairville se précipite aux genoux de Rosalie, et cherche à la fléchir. Constance vient ensuite, elle amène André ; on l'interroge. Rosalie apprend les malheurs arrivés à son père : vous voyez à peu près la marche du reste. En irritant la passion de Clairville et celle de Rosalie, on vous eût préparé des embarras plus grands peut-être encore que les précédents. De temps en temps vous eussiez été tenté de tout avouer. A la fin, peut-être l'eussiez-vous fait.

DORVAL

Je vous entends ; mais ce n'est plus là notre histoire. Et mon père, qu'aurait-il dit ? D'ailleurs, êtes-vous bien convaincu que la pièce y aurait gagné ? En me réduisant à des extrémités terribles, vous eussiez fait, d'une aventure assez simple, une pièce fort compliquée. Je serais devenu plus théâtral...

MOI

Et plus ordinaire, il est vrai ; mais l'ouvrage eût été d'un succès assuré.

DORVAL

Je le crois, et d'un goût fort petit. Il y avait certainement moins de difficulté ; mais je pense qu'il y avait encore moins de vérité et de beauté réelles à entretenir l'agitation, qu'à se soutenir dans le calme. Songez que c'est alors que les sacrifices de la vertu commencent et s'enchaînent. Voyez comme l'élévation du discours et la force des scènes succèdent au pathétique de situation. Cependant, au milieu de ce calme, le sort de Constance, de Clairville, de Rosalie et le mien, demeurent incertains. On sait ce que je me propose; mais il n'y a nulle apparence que je réussisse. En effet, je ne réussis point avec Constance; et il est bien moins vraisemblable que je sois plus heureux avec Rosalie. Quel événement assez important aurait remplacé ces deux scènes, dans le plan que vous venez de m'exposer ? Aucun.

MOI

Il ne me reste plus qu'une question à vous faire : c'est sur le genre de votre ouvrage. Ce n'est pas une tragédie; ce n'est pas une comédie. Qu'est-ce donc, et quel nom lui donner ?

DORVAL

Celui qu'il vous plaira. Mais demain, si vous voulez, nous chercherons ensemble celui qui lui convient.

MOI

Et pourquoi pas aujourd'hui ?

DORVAL

Il faut que je vous quitte. J'ai fait avertir deux fermiers du voisinage; et il y a peut-être une heure qu'ils m'attendent à la maison.

MOI

Autre procès à accommoder ?

DORVAL

Non : c'est une affaire un peu différente. L'un de ces fermiers a une fille; l'autre a un garçon : ces enfants s'aiment; mais la fille est riche; le garçon n'a rien...

MOI

Et vous voulez accommoder les parents, et rendre les enfants contents. Adieu, Dorval. A demain, au même endroit.

TROISIÈME ENTRETIEN

Le lendemain, le ciel se troubla ; une nue qui amenait l'orage, et qui portait le tonnerre, s'arrêta sur la colline, et la couvrit de ténèbres. A la distance où j'étais, les éclairs semblaient s'allumer et s'éteindre dans ces ténèbres. La cime des chênes était agitée ; le bruit des vents se mêlait au murmure des eaux ; le tonnerre, en grondant, se promenait entre les arbres ; mon imagination, dominée par des rapports secrets, me montrait, au milieu de cette scène obscure, Dorval tel que je l'avais vu la veille dans les transports de son enthousiasme ; et je croyais entendre sa voix harmonieuse s'élever au-dessus des vents et du tonnerre.

Cependant l'orage se dissipa ; l'air en devint plus pur ; le ciel plus serein : et je serais allé chercher Dorval sous les chênes, mais je pensai que la terre y serait trop fraîche, et l'herbe trop molle. Si la pluie n'avait pas duré, elle avait été forte. Je me rends chez lui. Il m'attendait ; car il avait pensé, de son côté, que je n'irais point au rendez-vous de la veille ; et ce fut dans son jardin, sur les bords sablés d'un large canal, où il avait coutume de se promener, qu'il acheva de me développer ses idées. Après quelques discours généraux sur les actions de la vie, et sur l'imitation qu'on en fait au théâtre, il me dit :

« On distingue dans tout objet moral, un milieu et deux extrêmes. Il semble donc que, toute action dramatique étant un objet moral, il devrait y avoir un genre moyen et deux genres extrêmes. Nous avons

ceux-ci ; c'est la comédie et la tragédie : mais l'homme
n'est pas toujours dans la douleur ou dans la joie. Il y
a donc un point qui sépare la distance du genre comique
au genre tragique.

« Térence a composé une pièce dont voici le sujet.
Un jeune homme se marie. A peine est-il marié, que
des affaires l'appellent au loin. Il est absent. Il revient.
Il croit apercevoir dans sa femme des preuves certaines d'infidélité. Il en est au désespoir. Il veut la
renvoyer à ses parents. Qu'on juge de l'état du père, de
la mère et de la fille. Il y a cependant un Dave, personnage plaisant par lui-même. Qu'en fait le poète ?
Il l'éloigne de la scène pendant les quatre premiers
actes, et il ne le rappelle que pour égayer un peu son
dénoûment.

« Je demande dans quel genre est cette pièce ? Dans le
genre comique ? Il n'y a pas le mot pour rire. Dans le
genre tragique ? La terreur, la commisération et les
autres grandes passions n'y sont point excitées. Cependant il y a de l'intérêt ; et il y en aura, sans ridicule qui
fasse rire, sans danger qui fasse frémir, dans toute
composition dramatique où le sujet sera important, où
le poète prendra le ton que nous avons dans les affaires
sérieuses, et où l'action s'avancera par la perplexité
et par les embarras. Or, il me semble que ces actions
étant les plus communes de la vie, le genre qui les aura
pour objet doit être le plus utile et le plus étendu.
J'appellerai ce genre *le genre sérieux*.

« Ce genre établi, il n'y aura point de condition
dans la société, point d'actions importantes dans la
vie, qu'on ne puisse rapporter à quelque partie du
système dramatique.

« Voulez-vous donner à ce système toute l'étendue
possible ; y comprendre la vérité et les chimères ; le
monde imaginaire et le monde réel ? ajoutez le burlesque au-dessous du genre comique, et le merveilleux
au-dessus du genre tragique.

MOI

Je vous entends : Le burlesque... Le genre comique...
Le genre sérieux... Le genre tragique... Le merveilleux.

DORVAL

Une pièce ne se renferme jamais à la rigueur dans un genre. Il n'y a point d'ouvrage dans les genres tragique ou comique, où l'on ne trouvât des morceaux qui ne seraient point déplacés dans le genre sérieux; et il y en aura réciproquement dans celui-ci, qui porteront l'empreinte de l'un et l'autre genre.

C'est l'avantage du genre sérieux, que, placé entre les deux autres, il a des ressources, soit qu'il s'élève, soit qu'il descende. Il n'en est pas ainsi du genre comique et du genre tragique. Toutes les nuances du comique sont comprises entre ce genre même et le genre sérieux; et toutes celles du tragique entre le genre sérieux et la tragédie. Le burlesque et le merveilleux sont également hors de la nature; on n'en peut rien emprunter qui ne gâte. Les peintres et les poètes ont le droit de tout oser; mais ce droit ne s'étend pas jusqu'à la licence de fondre des espèces différentes dans un même individu. Pour un homme de goût, il y a la même absurdité dans Castor élevé au rang des dieux, et dans le bourgeois gentilhomme fait mamamouchi.

Le genre comique et le genre tragique sont les bornes réelles de la composition dramatique. Mais, s'il est impossible au genre comique d'appeler à son aide le burlesque, sans se dégrader; au genre tragique, d'empiéter sur le genre merveilleux, sans perdre de sa vérité, il s'ensuit que, placés dans les extrémités, ces genres sont les plus frappants et les plus difficiles.

C'est dans le genre sérieux que doit s'exercer d'abord tout homme de lettres qui se sent du talent pour la scène. On apprend à un jeune élève qu'on destine à la peinture, à dessiner le nu. Quand cette partie fondamentale de l'art lui est familière, il peut choisir un sujet. Qu'il le prenne ou dans les conditions communes, ou dans un rang élevé, qu'il drape ses figures à son gré, mais qu'on ressente toujours le nu sous la draperie; que celui qui aura fait une longue étude de l'homme dans l'exercice du genre sérieux, chausse, selon son génie le cothurne ou le soc; qu'il jette sur les épaules de son personnage, un manteau royal ou une robe de palais, mais que l'homme ne disparaisse jamais sous le vêtement.

Si le genre sérieux est le plus facile de tous, c'est, en revanche le moins sujet aux vicissitudes des temps et des lieux. Portez le nu en quelque lieu de la terre qu'il vous plaira ; il fixera l'attention, s'il est bien dessiné. Si vous excellez dans le genre sérieux, vous plairez dans tous les temps et chez tous les peuples. Les petites nuances qu'il empruntera d'un genre collatéral seront trop faibles pour le déguiser ; ce sont des bouts de draperies qui ne couvrent que quelques endroits, et qui laissent les grandes parties nues.

Vous voyez que la tragi-comédie ne peut être qu'un mauvais genre, parce qu'on y confond deux genres éloignés et séparés par une barrière naturelle. On n'y passe point par des nuances imperceptibles ; on tombe à chaque pas dans les contrastes, et l'unité disparaît.

Vous voyez que cette espèce de drame, où les traits les plus plaisants du genre comique sont placés à côté des traits les plus touchants du genre sérieux, et où l'on saute alternativement d'un genre à un autre, ne sera pas sans défaut aux yeux d'un critique sévère.

Mais voulez-vous être convaincu du danger qu'il y a à franchir la barrière que la nature a mise entre les genres ? Portez les choses à l'excès ; rapprochez deux genres fort éloignés, tels que la tragédie et le burlesque ; et vous verrez alternativement un grave sénateur jouer aux pieds d'une courtisane le rôle du débauché le plus vil, et des factieux méditer la ruine d'une république *.

La farce, la parade et la parodie ne sont pas des genres, mais des espèces de comique ou de burlesque, qui ont un objet particulier.

On a donné cent fois la poétique du genre comique et du genre tragique. Le genre sérieux a la sienne ; et cette poétique serait aussi fort étendue ; mais je ne vous

_____

* Voyez la *Venise préservée* d'Otway ; le *Hamlet* de Shakespeare, et la plupart des pièces du théâtre anglais. (*Note de Diderot.*)

en dirai que ce qui s'est offert à mon esprit, tandis que je travaillais à ma pièce.

Puisque ce genre est privé de la vigueur de coloris des genres extrêmes entre lesquels il est placé, il ne faut rien négliger de ce qui peut lui donner de la force.

Que le sujet en soit important; et l'intrigue, simple, domestique, et voisine de la vie réelle.

Je n'y veux point de valets : les honnêtes gens ne les admettent point à la connaissance de leurs affaires; et si les scènes se passent toutes entre les maîtres, elles n'en seront que plus intéressantes. Si un valet parle sur la scène comme dans la société, il est maussade : s'il parle autrement, il est faux.

Les nuances empruntées du genre comique sont-elles trop fortes ? L'ouvrage fera rire et pleurer; et il n'y aura plus ni unité d'intérêt, ni unité de coloris.

Le genre sérieux comporte les monologues; d'où je conclus qu'il penche plutôt vers la tragédie que vers la comédie; genre dans lequel ils sont rares et courts.

Il serait dangereux d'emprunter, dans une même composition, des nuances du genre comique et du genre tragique. Connaissez bien la pente de votre sujet et de vos caractères, et suivez-la.

Que votre morale soit générale et forte.

Point de personnages épisodiques; ou, si l'intrigue en exige un, qu'il ait un caractère singulier qui le relève.

Il faut s'occuper fortement de la pantomime; laisser là ces coups de théâtre dont l'effet est momentané, et trouver des tableaux. Plus on voit un beau tableau, plus il plaît.

Le mouvement nuit presque toujours à la dignité; ainsi, que votre principal personnage soit rarement le machiniste de votre pièce.

Et surtout ressouvenez-vous qu'il n'y a point de principe général : je n'en connais aucun de ceux que je viens d'indiquer, qu'un homme de génie ne puisse enfreindre avec succès.

MOI

Vous avez prévenu mon objection.

Le genre comique est des espèces, et le genre tragique est des individus. Je m'explique. Le héros d'une tragédie est tel ou tel homme : c'est ou Régulus, ou Brutus, ou Caton; et ce n'est point un autre. Le principal personnage d'une comédie doit au contraire représenter un grand nombre d'hommes. Si, par hasard, on lui donnait une physionomie si particulière, qu'il n'y eût dans la société qu'un seul individu qui lui ressemblât, la comédie retournerait à son enfance, et dégénérerait en satire.

Térence me paraît être tombé une fois dans ce défaut. Son *Heautontimorumenos* est un père affligé du parti violent auquel il a porté son fils par un excès de sévérité dont il se punit lui-même, en se couvrant de lambeaux, se nourrissant durement, fuyant la société, chassant ses domestiques, et se condamnant à cultiver la terre de ses propres mains. On peut dire que ce père-là n'est pas dans la nature. Une grande ville fournirait à peine, dans un siècle, l'exemple d'une affliction aussi bizarre.

MOI

Horace, qui avait le goût d'une délicatesse singulière, me paraît avoir aperçu ce défaut, et l'avoir critiqué d'une façon bien légère.

DORVAL

Je ne me rappelle pas l'endroit.

MOI

C'est dans la satire première ou seconde du premier livre, où il se propose de montrer que, pour éviter un excès, les fous se précipitent dans l'excès opposé. Fufidius, dit-il, craint de passer pour dissipateur. Savez-vous ce qu'il fait ? Il prête à cinq pour cent par mois, et se paye d'avance. Plus un homme est obéré, plus il exige : il sait par cœur le nom de tous les enfants de famille qui commencent à aller dans le monde, et qui ont des pères durs. Mais vous croiriez peut-être que cet homme dépense à proportion de son revenu;

erreur. Il est son plus cruel ennemi; et ce père de la comédie, qui se punit de l'évasion de son fils, ne se tourmente pas plus méchamment :

> ...Non se pejus cruciaverit...

DORVAL

Oui, rien n'est plus dans le caractère de cet auteur, que d'avoir attaché deux sens à ce *méchamment*, dont l'un tombe sur Térence, et l'autre sur Fufidius.

Dans le genre sérieux, les caractères seront souvent aussi généraux que dans le genre comique; mais ils seront toujours moins individuels que dans le genre tragique.

On dit quelquefois, il est arrivé une aventure fort plaisante à la cour, un événement fort tragique à la ville : d'où il s'ensuit que la comédie et la tragédie sont de tous les états; avec cette différence que la douleur et les larmes sont encore plus souvent sous les toits des sujets, que l'enjouement et la gaieté dans les palais des rois. C'est moins le sujet qui rend une pièce comique, sérieuse ou tragique, que le ton, les passions les caractères et l'intérêt. Les effets de l'amour, de la jalousie, du jeu, du dérèglement, de l'ambition, de la haine, de l'envie, peuvent faire rire, réfléchir, ou trembler. Un jaloux qui prend des mesures pour s'assurer de son déshonneur, est ridicule; un homme d'honneur qui le soupçonne et qui aime, en est affligé; un furieux qui le sait, peut commettre un crime. Un joueur portera chez un usurier le portrait d'une maîtresse; un autre joueur embarrassera sa fortune, la renversera, plongera une femme et des enfants dans la misère et tombera dans le désespoir. Que vous dirai-je de plus ? La pièce dont nous nous sommes entretenus a presque été faite dans les trois genres.

MOI

Comment ?

DORVAL

Oui.

MOI

La chose est singulière.

DORVAL

Clairville est d'un caractère honnête, mais impé-
tueux et léger. Au comble de ses vœux, possesseur
tranquille de Rosalie, il oublia ses peines passées; il ne
vit plus dans notre histoire qu'une aventure commune
Il en fit des plaisanteries. Il alla même jusqu'à parodier
le troisième acte de la pièce. Son ouvrage était excellent.
Il avait exposé mes embarras sous un jour tout à fait
comique. J'en ris; mais je fus secrètement offensé du
ridicule que Clairville jetait sur une des actions les
plus importantes de notre vie; car, enfin, il y eut un
moment qui pouvait lui coûter, à lui, sa fortune et sa
maîtresse; à Rosalie, l'innocence et la droiture de son
cœur; à Constance, le repos; à moi, la probité et
peut-être la vie. Je me vengeai de Clairville, en mettant
en tragédie les trois derniers actes de la pièce; et je
puis vous assurer que je le fis pleurer plus longtemps
qu'il ne m'avait fait rire.

MOI

Et pourrait-on voir ces morceaux ?

DORVAL

Non. Ce n'est point un refus. Mais Clairville a brûlé
son acte, et il ne me reste que le canevas des miens.

MOI

Et ce canevas ?

DORVAL

Vous l'allez avoir, si vous me le demandez. Mais
faites-y réflexion. Vous avez l'âme sensible. Vous
m'aimez; et cette lecture pourra vous laisser des impressions, dont vous aurez de la peine à vous distraire.

MOI

Donnez le canevas tragique, Dorval, donnez. »

Dorval tira de sa poche quelques feuilles volantes, qu'il me tendit en détournant la tête, comme s'il eût craint d'y jeter les yeux ; et voici ce qu'elles contenaient :

Rosalie, instruite, au troisième acte, du mariage de Dorval et de Constance, et persuadée que ce Dorval est un ami perfide, un homme sans foi, prend un parti violent. C'est de tout révéler. Elle voit Dorval ; elle le traite avec le dernier mépris.

DORVAL

Je ne suis point un ami perfide, un homme sans foi ; je suis Dorval ; je suis un malheureux.

ROSALIE

Dis un misérable... Ne m'a-t-il pas laissé croire qu'il m'aimait ?

DORVAL

Je vous aimais, et je vous aime encore.

ROSALIE

Il m'aimait ! il m'aime ! Il épouse Constance. Il en a donné sa parole à son frère, et cette union se consomme aujourd'hui !... Allez, esprit pervers, éloignez-vous ! permettez à l'innocence d'habiter un séjour d'où vous l'avez bannie. La paix et la vertu rentreront ici quand vous en sortirez. Fuyez. La honte et les remords, qui ne manquent jamais d'atteindre le méchant, vous attendent à cette porte.

DORVAL

On m'accable ! on me chasse ! je suis un scélérat ! O vertu ! voilà donc ta dernière récompense !

ROSALIE

Il s'était promis sans doute que je me tairais... Non, non... tout se saura... Constance aura pitié de mon inexpérience, de ma jeunesse.. elle trouvera mon excuse et mon pardon dans son cœur... O Clairville ! combien il faudra que je t'aime, pour expier mon

injustice et réparer les maux que je t'ai faits!... Mais le
moment approche où le méchant sera connu.

DORVAL

Jeune imprudente, arrêtez, ou vous allez devenir
coupable du seul crime que j'aurai jamais commis, si
c'en est un que de jeter loin de soi un fardeau qu'on ne
peut plus porter. Encore un mot, et je croirai que la
vertu n'est qu'un fantôme vain; que la vie n'est qu'un
présent fatal du sort; que le bonheur n'est nulle part;
que le repos est sous la tombe; et j'aurai vécu.

Rosalie s'est éloignée : elle ne l'entend plus. Dorval se
voit méprisé de la seule femme qu'il aime et qu'il ait
jamais aimée; exposé à la haine de Constance, à l'indignation de Clairville; sur le point de perdre les seuls
êtres qui l'attachaient au monde, et de retomber dans la
solitude de l'univers... où ira-t-il ?... à qui s'adressera-
t-il ?... qui aimera-t-il ?... de qui sera-t-il aimé ?... Le
désespoir s'empare de son âme : il sent le dégoût de la
vie; il incline vers la mort. C'est le sujet d'un monologue qui finit le troisième acte. Dès la fin de cet acte,
il ne parle plus à ses domestiques; il leur commande de
la main; et ils obéissent.

Rosalie exécute son projet au commencement du
quatrième. Quelle est la surprise de Constance et de
son frère! Ils n'osent voir Dorval; ni Dorval aucun
d'eux. Ils s'évitent tous. Ils se fuient; et Dorval se trouve
tout à coup, et naturellement, dans cet abandon général
qu'il redoutait. Son destin s'accomplit. Il s'en aperçoit;
et le voilà résolu d'aller à la mort qui l'entraîne.
Charles, son valet, est le seul être dans l'univers qui lui
demeure. Charles démêle la funeste pensée de son
maître. Il répand sa terreur dans toute la maison. Il
court à Clairville, à Constance, à Rosalie. Il parle.
Ils sont consternés. A l'instant, les intérêts particuliers disparaissent. On cherche à se rapprocher de
Dorval. Mais il est trop tard. Dorval n'aime plus,
ne hait plus personne, ne parle plus, ne voit plus,
n'entend plus. Son âme, comme abrutie, n'est
capable d'aucun sentiment. Il lutte un peu contre cet
état ténébreux; mais c'est faiblement, par élans

courts, sans force et sans effet. Le voilà tel qu'il est au commencement du cinquième acte.

Cet acte s'ouvre par Dorval seul, qui se promène sur la scène, sans rien dire. On voit dans son vêtement, son geste, son silence, le projet de quitter la vie. Clairville entre ; il le conjure de vivre ; il se jette à ses genoux ; il les embrasse, il le presse par les raisons les plus honnêtes et les plus tendres d'accepter Rosalie. Il n'en est que plus cruel. Cette scène avance le sort de Dorval. Clairville n'en arrache que quelques monosyllabes. Le reste de l'action de Dorval est muette.

Constance arrive. Elle joint ses efforts à ceux de son frère. Elle dit à Dorval ce qu'elle pense de plus pathétique sur la résignation aux événements ; sur la puissance de l'Etre suprême, puissance à laquelle c'est un crime de se soustraire ; sur les offres de Clairville, etc. Pendant que Constance parle, elle a un des bras de Dorval entre les siens ; et son ami le tient embrassé par le milieu du corps, comme s'il craignait qu'il ne lui échappât. Mais Dorval, tout en lui-même, ne sent point son ami qui le tient embrassé, n'entend point Constance qui lui parle. Seulement il se renverse quelquefois sur eux pour pleurer. Mais les larmes se refusent. Alors il se retire ; il pousse des soupirs profonds ; il fait quelques gestes lents et terribles ; on voit sur ses lèvres des mouvements d'un ris passager, plus effrayants que ses soupirs et ses gestes.

Rosalie vient. Constance et Clairville se retirent. Cette scène est celle de la timidité, de la naïveté, des larmes, de la douleur et du repentir. Rosalie voit tout le mal qu'elle a fait. Elle en est désolée. Pressée entre l'amour qu'elle ressent, l'intérêt qu'elle prend à Dorval, le respect qu'elle doit à Constance, et les sentiments qu'elle ne peut refuser à Clairville ; combien elle dit de choses touchantes ! Dorval paraît d'abord ni ne la voir, ni ne l'écouter. Rosalie pousse des cris, lui prend les mains, l'arrête : et il vient un moment où Dorval fixe sur elle des yeux égarés. Ses regards sont ceux d'un homme qui sortirait d'un sommeil léthargique. Cet effort le brise. Il tombe dans un fauteuil, comme un homme frappé. Rosalie se retire en poussant des sanglots, se désolant, s'arrachant les cheveux.

Dorval reste un moment dans cet état de mort; Charles est debout devant lui, sans rien dire... Ses yeux sont à demi fermés; ses longs cheveux pendent sur le derrière du fauteuil; il a la bouche entr'ouverte, la respiration haute et la poitrine haletante. Cette agonie passe peu à peu. Il en revient par un soupir long et douloureux, par une voix plaintive; il s'appuie la tête sur ses mains, et les coudes sur ses genoux; il se lève avec peine; il erre à pas lents; il rencontre Charles; il le prend par le bras, le regarde un moment, tire sa bourse et sa montre, les lui donne avec un papier cacheté sans adresse, et lui fait signe de sortir. Charles se jette à ses pieds, et se colle le visage contre terre. Dorval l'y laisse, et continue d'errer. En errant, ses pieds rencontrent Charles étendu par terre. Il se détourne... Alors Charles se lève subitement, laisse la bourse et la montre à terre, et court appeler du secours.

Dorval le suit lentement... Il s'appuie sans dessein contre la porte... il y voit un verrou... il le regarde... le ferme... tire son épée... en appuie le pommeau contre la terre... en dirige la pointe vers sa poitrine... se penche le corps sur le côté... lève les yeux au ciel... les ramène sur lui... demeure ainsi quelque temps... pousse un profond soupir, et se laisse tomber.

Charles arrive; il trouve la porte fermée. Il appelle; on vient; on force la porte; on trouve Dorval baigné dans son sang, et mort. Charles rentre en poussant des cris. Les autres domestiques restent autour du cadavre. Constance arrive. Frappée de ce spectacle, elle crie, elle court égarée sur la scène, sans trop savoir ce qu'elle dit, ce qu'elle fait, où elle va. On enlève le cadavre de Dorval. Cependant Constance, tournée vers le lieu de la scène sanglante, est immobile dans un fauteuil, le visage couvert de ses mains.

Arrivent Clairville et Rosalie. Ils trouvent Constance dans cette situation. Ils l'interrogent. Elle se tait. Ils l'interrogent encore. Pour toute réponse, elle découvre son visage, détourne la tête, et leur montre de la main l'endroit teint du sang de Dorval.

Alors ce ne sont plus que des cris, des pleurs, du silence et des cris.

Charles donne à Constance le paquet cacheté : c'est la vie et les dernières volontés de Dorval. Mais à peine en a-t-elle lu les premières lignes, que Clairville sort comme un furieux; Constance le suit. Justine et les domestiques emportent Rosalie, qui se trouve mal; et la pièce finit.

« Ah! m'écriai-je, ou je n'y entends rien, ou voilà de la tragédie. A la vérité, ce n'est plus l'épreuve de la vertu, c'est son désespoir. Peut-être y aurait-il du danger à montrer l'homme de bien réduit à cette extrémité funeste; mais on n'en sent pas moins la force de la pantomime seule, et de la pantomime réunie au discours. Voilà les beautés que nous perdons, faute de scène et faute de hardiesse, en imitant servilement nos prédécesseurs, et laissant la nature et la vérité... Mais Dorval ne parle point... Mais peut-il y avoir de discours qui frappent autant que son action et son silence ?... Qu'on lui fasse dire quelques mots par intervalles, cela se peut; mais il ne faut pas oublier qu'il est rare que celui qui parle beaucoup se tue. »

Je me levai; j'allai trouver Dorval; il errait, parmi les arbres, et il me paraissait absorbé dans ses pensées. Je crus qu'il était à propos de garder son papier, et il ne me le redemanda pas.

« Si vous êtes convaincu, me dit-il, que ce soit là de la tragédie, et qu'il y ait, entre la tragédie et la comédie, un genre intermédiaire, voilà donc deux branches du genre dramatique qui sont encore incultes, et qui n'attendent que des hommes. Faites des comédies dans le genre sérieux, faites des tragédies domestiques, et soyez sûr qu'il y a des applaudissements et une immortalité qui vous sont réservés. Surtout, négligez les coups de théâtre; cherchez des tableaux; rapprochez-vous de la vie réelle, et ayez d'abord un espace qui permette l'exercice de la pantomime dans toute son étendue... On dit qu'il n'y a plus de grandes passions tragiques à émouvoir; qu'il est impossible de présenter les sentiments élevés d'une manière neuve et frappante. Cela peut être dans la tragédie, telle que les Grecs, les

Romains, les Français, les Italiens, les Anglais et tous
les peuples de la terre l'ont composée. Mais la tragédie
domestique aura une autre action, un autre ton, et un
sublime qui lui sera propre. Je le sens, ce sublime; il est
dans ces mots d'un père, qui disait à son fils qui le
nourrissait dans sa vieillesse : « Mon fils, nous sommes
quittes. Je t'ai donné la vie; et tu me l'as rendue. »
Et dans ceux-ci d'un autre père qui disait au sien :
« Dites toujours la vérité. Ne promettez rien à personne
que vous ne vouliez tenir. Je vous en conjure par ces
pieds que je réchauffais dans mes mains, quand vous
étiez au berceau. »

MOI

Mais cette tragédie nous intéressera-t-elle ?

DORVAL

Je vous le demande. Elle est plus voisine de nous.
C'est le tableau des malheurs qui nous environnent.
Quoi! vous ne concevez pas l'effet que produiraient
sur vous une scène réelle, des habits vrais, des discours
proportionnés aux actions, des actions simples, des
dangers dont il est impossible que vous n'ayez tremblé
pour vos parents, vos amis, pour vous-même ? Un
renversement de fortune, la crainte de l'ignominie,
les suites de la misère, une passion qui conduit l'homme
à sa ruine, de sa ruine au désespoir, du désespoir à
une mort violente, ne sont pas des événements rares;
et vous croyez qu'ils ne vous affecteraient pas autant
que la mort fabuleuse d'un tyran, ou le sacrifice d'un
enfant aux autels des dieux d'Athènes ou de Rome ?...
Mais vous êtes distrait... vous rêvez... vous ne m'écoutez
pas.

MOI

Votre ébauche tragique m'obsède... Je vous vois
errer sur la scène... détourner vos pieds de votre valet
prosterné... fermer le verrou... tirer votre épée...
L'idée de cette pantomime me fait frémir. Je ne crois
pas qu'on en soutînt le spectacle; et toute cette action
est peut-être de celles qu'il faut mettre en récit. Voyez.

DORVAL

Je crois qu'il ne faut ni réciter ni montrer au spectateur un fait sans vraisemblance; et qu'entre les actions vraisemblables, il est facile de distinguer celles qu'il faut exposer aux yeux, et renvoyer derrière la scène. Il faut que j'applique mes idées à la tragédie connue; je ne peux tirer mes exemples d'un genre qui n'existe pas encore parmi nous.

Lorsqu'une action est simple, je crois qu'il faut plutôt la représenter que la réciter. La vue de Mahomet tenant un poignard levé sur le sein d'Irène, incertain entre l'ambition qui le presse d'enfoncer, et la passion qui retient son bras, est un tableau frappant. La commisération qui nous substitue toujours à la place du malheureux, et jamais du méchant, agitera mon âme. Ce ne sera pas sur le sein d'Irène, c'est sur le mien que je verrai le poignard suspendu et vacillant... Cette action est trop simple, pour être mal imitée. Mais si l'action se complique, si les incidents se multiplient, il s'en rencontrera facilement quelques-uns qui me rappelleront que je suis dans un parterre; que tous ces personnages sont des comédiens, et que ce n'est point un fait qui se passe. Le récit, au contraire, me transportera au-delà de la scène; j'en suivrai toutes les circonstances. Mon imagination les réalisera comme je les ai vues dans la nature. Rien ne se démentira. Le poète aura dit :

> Entre les deux partis, Calchas s'est avancé,
> L'œil farouche, l'air sombre, et le poil hérissé,
> Terrible, et plein du dieu qui l'agitait sans doute;

ou

> .... les ronces dégouttantes
> Portent de ses cheveux les dépouilles sanglantes.

Où est l'acteur qui me montrera Calchas tel qu'il est dans ces vers ? Grandval s'avancera d'un pas noble et fier, entre les deux partis; il aura l'air sombre, peut-être même l'œil farouche. Je reconnaîtrai à son action, à son geste, la présence intérieure d'un démon qui le tourmente. Mais, quelque terrible qu'il soit, ses cheveux ne se hérisseront point sur sa tête. L'imitation dramatique ne va pas jusque-là.

Il en sera de même de la plupart des autres images qui animent ce récit : l'air obscurci de traits, une armée en tumulte, la terre arrosée de sang, une jeune princesse le poignard enfoncé dans le sein, les vents déchaînés, le tonnerre retentissant au haut des airs, le ciel allumé d'éclairs, la mer qui écume et mugit. Le poète a peint toutes ces choses; l'imagination les voit; l'art ne les imite point.

Mais il y a plus : un goût dominant de l'ordre, dont je vous ai déjà entretenu, nous contraint à mettre de la proportion entre les êtres. Si quelque circonstance nous est donnée au-dessus de la nature commune, elle agrandit le reste dans notre pensée. Le poète n'a rien dit de la stature de Calchas. Mais je la vois; je la proportionne à son action. L'exagération intellectuelle s'échappe de là et se répand sur tout ce qui approche de cet objet. La scène réelle eût été petite, faible, mesquine, fausse, ou manquée; elle devient grande, forte, vraie, et même énorme dans le récit. Au théâtre, elle eût été fort au-dessous de nature; je l'imagine un peu au-delà. C'est ainsi que, dans l'épopée, les hommes poétiques deviennent un peu plus grands que les hommes vrais.

Voilà les principes; appliquez-les vous-même à l'action de mon esquisse tragique. L'action n'est-elle pas simple ?

MOI

Elle l'est.

DORVAL

Y a-t-il quelque circonstance qu'on n'en puisse imiter sur la scène ?

MOI

Aucune.

DORVAL

L'effet en sera-t-il terrible ?

MOI

Que trop, peut-être. Qui sait si nous irions chercher au théâtre des impressions aussi fortes ? On veut être attendri, touché, effrayé ; mais jusqu'à un certain point.

DORVAL

Pour juger sainement, expliquons-nous. Quel est l'objet d'une composition dramatique ?

MOI

C'est, je crois, d'inspirer aux hommes l'amour de la vertu, l'horreur du vice...

DORVAL

Ainsi, dire qu'il ne faut les émouvoir que jusqu'à un certain point, c'est prétendre qu'il ne faut pas qu'ils sortent d'un spectacle, trop épris de la vertu, trop éloignés du vice. Il n'y aurait point de poétique pour un peuple qui serait aussi pusillanime. Que serait-ce que le goût ; et que l'art deviendrait-il, si l'on se refusait à son énergie, et si l'on posait des barrières arbitraires à ses effets ?

MOI

Il me resterait encore quelques questions à vous faire sur la nature du tragique domestique et bourgeois, comme vous l'appelez ; mais j'entrevois vos réponses. Si je vous demandais pourquoi, dans l'exemple que vous m'en avez donné, il n'y a point de scènes alternativement muettes et parlées, vous me répondriez, sans doute, que tous les sujets ne comportent pas ce genre de beauté.

DORVAL

Cela est vrai.

MOI

Mais, quels seront les sujets de ce comique sérieux, que vous regardez comme une branche nouvelle du genre dramatique ? Il n'y a, dans la nature humaine,

qu'une douzaine, tout au plus, de caractères vraiment
comiques et marqués de grands traits.

DORVAL

Je le pense.

MOI

Les petites différences qui se remarquent dans les
caractères des hommes, ne peuvent être maniées aussi
heureusement que les caractères tranchés.

DORVAL

Je le pense. Mais savez-vous ce qui s'ensuit de là ?...
Que ce ne sont plus, à proprement parler, les caractères qu'il faut mettre sur la scène, mais les conditions. Jusqu'à présent, dans la comédie, le caractère
a été l'objet principal, et la condition n'a été que
l'accessoire; il faut que la condition devienne aujour-
d'hui l'objet principal, et que le caractère ne soit que
l'accessoire. C'est du caractère qu'on tirait toute
l'intrigue. On cherchait en général les circonstances
qui le faisaient sortir, et l'on enchaînait ces circonstances. C'est la condition, ses devoirs, ses avantages, ses
embarras, qui doivent servir de base à l'ouvrage. Il
me semble que cette source est plus féconde, plus étendue et plus utile que celle des caractères. Pour peu que
le caractère fût chargé, un spectateur pouvait se dire à
lui-même, ce n'est pas moi. Mais il ne peut se cacher
que l'état qu'on joue devant lui, ne soit le sien; il ne
peut méconnaître ses devoirs. Il faut absolument qu'il
s'applique ce qu'il entend.

MOI

Il me semble qu'on a déjà traité plusieurs de ces
sujets.

DORVAL

Cela n'est pas. Ne vous y trompez point.

MOI

N'avons-nous pas des financiers dans nos pièces ?

DORVAL

Sans doute, il y en a. Mais le financier n'est pas fait.

MOI

On aurait de la peine à en citer une sans un père de famille.

DORVAL

J'en conviens; mais le père de famille n'est pas fait. En un mot, je vous demanderai si les devoirs des conditions, leurs avantages, leurs inconvénients, leurs dangers ont été mis sur la scène. Si c'est la base de l'intrigue et de la morale de nos pièces. Ensuite, si ces devoirs, ces avantages, ces inconvénients, ces dangers ne nous montrent pas, tous les jours, les hommes dans des situations très embarrassantes.

MOI

Ainsi, vous voudriez qu'on jouât l'homme de lettres, le philosophe, le commerçant, le juge, l'avocat, le politique, le citoyen, le magistrat, le financier, le grand seigneur, l'intendant.

DORVAL

Ajoutez à cela, toutes les relations : le père de famille, l'époux, la sœur, les frères. Le père de famille! Quel sujet, dans un siècle tel que le nôtre, où il ne paraît pas qu'on ait la moindre idée de ce que c'est qu'un père de famille !

Songez qu'il se forme tous les jours des conditions nouvelles. Songez que rien, peut-être, ne nous est moins connu que les conditions, et ne doit nous intéresser davantage. Nous avons chacun notre état dans la société; mais nous avons affaire à des hommes de tous les états.

Les conditions! Combien de détails importants, d'actions publiques et domestiques, de vérités inconnues, de situations nouvelles à tirer de ce fonds! Et les conditions n'ont-elles pas entre elles les mêmes contrastes que les caractères ? et le poète ne pourra-t-il pas les opposer ?

Mais ces sujets n'appartiennent pas seulement au genre sérieux. Ils deviendront comiques ou tragiques, selon le génie de l'homme qui s'en saisira.

Telle est encore la vicissitude des ridicules et des vices, que je crois qu'on pourrait faire un *Misanthrope* nouveau tous les cinquante ans. Et n'en est-il pas ainsi de beaucoup d'autres caractères ?

MOI

Ces idées ne me déplaisent pas. Me voilà tout disposé à entendre la première comédie dans le genre sérieux, ou la première tragédie bourgeoise qu'on représentera. J'aime qu'on étende la sphère de nos plaisirs. J'accepte les ressources que vous nous offrez; mais laissez-nous encore celles que nous avons. Je vous avoue que le genre merveilleux me tient à cœur. Je souffre à le voir confondu avec le genre burlesque, et chassé du système de la nature et du genre dramatique. Quinault mis à côté de Scarron et de Dassouci : ah, Dorval, Quinault!

DORVAL

Personne ne lit Quinault avec plus de plaisir que moi. C'est un poète plein de grâces, qui est toujours tendre et facile, et souvent élevé. J'espère vous montrer un jour jusqu'où je porte la connaissance et l'estime des talents de cet homme unique, et quel parti on aurait pu tirer de ses tragédies, telles qu'elles sont. Mais il s'agit de son genre, que je trouve mauvais. Vous m'abandonnez, je crois, le monde burlesque. Et le monde enchanté vous est-il mieux connu ? A quoi en comparez-vous les peintures, si elles n'ont aucun modèle subsistant dans la nature ?

Le genre burlesque et le genre merveilleux n'ont point de poétique, et n'en peuvent avoir. Si l'on hasarde, sur la scène lyrique, un trait nouveau, c'est une absurdité qui ne se soutient que par des liaisons plus ou moins éloignées avec une absurdité ancienne. Le nom et les talents de l'auteur y font aussi quelque chose. Molière allume des chandelles tout autour de la tête du bourgeois gentilhomme; c'est une extravagance qui n'a pas de bon sens; on en convient, et l'on en rit. Un autre imagine des hommes qui deviennent petits à mesure qu'ils font des sottises; il y a, dans cette fiction, une allégorie sensée; et il est sifflé. Angélique se rend invisible à son amant, par le pouvoir d'un anneau qui ne la cache à aucun des spectateurs; et cette machine ridicule ne choque personne. Qu'on mette un poignard dans la main d'un méchant qui en frappe ses ennemis, et qui ne blesse que lui-même, c'est assez le sort de la méchanceté, et rien n'est plus incertain que le succès de ce poignard merveilleux.

Je ne vois, dans toutes ces inventions dramatiques, que des contes semblables à ceux dont on berce les enfants. Croit-on qu'à force de les embellir, ils prendront assez de vraisemblance pour intéresser des hommes sensés ? L'héroïne de la Barbe-bleue est au haut d'une tour; elle entend, au pied de cette tour, la voix terrible de son tyran; elle va périr si son libérateur ne paraît. Sa sœur est à ses côtés; ses regards cherchent au loin ce libérateur. Croit-on que cette situation ne soit pas aussi belle qu'aucune du théâtre lyrique et que la question, *Ma sœur, ne voyez-vous rien venir ?* soit sans pathétique ? Pourquoi donc n'attendrit-elle pas un homme sensé, comme elle fait pleurer les petits enfants ? C'est qu'il y a une Barbe-bleue qui détruit son effet.

MOI

Et vous pensez qu'il n'y a aucun ouvrage dans le genre, soit burlesque, soit merveilleux, où l'on ne rencontre quelques poils de cette barbe ?

DORVAL

Je le crois; mais je n'aime pas votre expression; elle est burlesque; et le burlesque me déplaît partout.

MOI

Je vais tâcher de réparer cette faute par quelque observation plus grave. Les dieux du théâtre lyrique ne sont-ils pas les mêmes que ceux de l'épopée ? Et

pourquoi, je vous prie, Vénus n'aurait-elle pas aussi
bonne grâce à se désoler, sur la scène, de la mort
d'Adonis, qu'à pousser des cris, dans l'*Iliade*, de l'égra-
tignure légère qu'elle a reçue de la lance de Diomède,
où qu'à soupirer en voyant l'endroit de sa belle main
blanche où la peau meurtrie commençait à noircir ?
N'est-ce pas, dans le poème d'Homère, un tableau
charmant, que celui de cette déesse en pleurs, renversée sur le sein de sa mère Dioné ? Pourquoi ce
tableau plairait-il moins dans une composition lyrique ?

DORVAL

Un plus habile que moi vous répondra que les embel-
lissements de l'épopée, convenables aux Grecs, aux
Romains, aux Italiens du xve et du xvie siècle, sont
proscrits parmi les Français; et que les dieux de la
fable, les oracles, les héros invulnérables, les aventures
romanesques, ne sont plus de saison.

Et j'ajouterai, qu'il y a bien de la différence entre
peindre à mon imagination, et mettre en action sous
mes yeux. On fait adopter à mon imagination tout ce
qu'on veut; il ne s'agit que de s'en emparer. Il n'en
est pas ainsi de mes sens. Rappelez-vous les principes
que j'établissais tout à l'heure sur les choses, même
vraisemblables, qu'il convenait tantôt de montrer,
tantôt de dérober aux spectateurs. Les mêmes dis-
tinctions que je faisais s'appliquent plus sévèrement
encore au genre merveilleux. En un mot, si ce système
ne peut avoir la vérité qui convient à l'épopée, comment
pourrait-il nous intéresser sur la scène ?

Pour rendre pathétiques les conditions élevées, il
faut donner de la force aux situations. Il n'y a que ce
moyen d'arracher, de ces âmes froides et contraintes,
l'accent de la nature, sans lequel les grands effets ne se
produisent point. Cet accent s'affaiblit à mesure que
les conditions s'élèvent. Ecoutez Agamemnon :

> Encor si je pouvais, libre dans mon malheur,
> Par des larmes, au moins, soulager ma douleur;
> Tristes destins des rois! esclaves que nous sommes,
> Et des rigueurs du sort, et des discours des hommes!
> Nous nous voyons sans cesse assiégés de témoins;
> Et les plus malheureux osent pleurer le moins.

Les dieux doivent-ils se respecter moins que les rois ? Si Agamemnon, dont on va immoler la fille, craint de manquer à la dignité de son rang, quelle sera la situation qui fera descendre Jupiter du sien ?

MOI

Mais la tragédie ancienne est pleine de dieux ; et c'est Hercule qui dénoue cette fameuse tragédie de *Philoctète*, à laquelle vous prétendez qu'il n'y a pas un mot à ajouter ni à retrancher.

DORVAL

Ceux qui se livrèrent les premiers à une étude suivie de la nature humaine, s'attachèrent d'abord à distinguer les passions, à les connaître et à les caractériser. Un homme en conçut les idées abstraites ; et ce fut un philosophe. Un autre donna du corps et du mouvement à l'idée ; et ce fut un poète. Un troisième tailla le marbre à cette ressemblance, et ce fut un statuaire. Un quatrième fit prosterner le statuaire au pied de son ouvrage ; et ce fut un prêtre. Les dieux du paganisme ont été faits à la ressemblance de l'homme. Qu'est-ce que les dieux d'Homère, d'Eschyle, d'Euripide et de Sophocle ? Les vices des hommes, leurs vertus, et les grands phénomènes de la nature personnifiés, voilà la véritable théogonie ; voilà le coup d'œil sous lequel il faut voir Saturne, Jupiter, Mars, Apollon, Vénus, les Parques, l'Amour et les Furies.

Lorsqu'un païen était agité de remords, il pensait réellement qu'une furie travaillait au-dedans de lui-même : et quel trouble ne devait-il donc pas éprouver à l'aspect de ce fantôme, parcourant la scène une torche à la main, la tête hérissée de serpents, et présentant, aux yeux du coupable, des mains teintes de sang ! Mais nous qui connaissons la vanité de toutes ces superstitions ! Nous !

MOI

Eh bien ! il n'y a qu'à substituer nos diables aux Euménides.

DORVAL

Il y a trop peu de foi sur la terre... Et puis, nos diables sont d'une figure si gothique... de si mauvais goût... Est-il étonnant que ce soit Hercule qui dénoue le *Philoctète* de Sophocle ? Toute l'intrigue de la pièce est fondée sur ses flèches; et cet Hercule avait, dans les temples, une statue au pied de laquelle le peuple se prosternait tous les jours.

Mais savez-vous quelle fut la suite de l'union de la superstition nationale et de la poésie ? C'est que le poète ne put donner à ses héros des caractères tranchés. Il eût doublé les êtres; il aurait montré la même passion sous la forme d'un dieu et sous celle d'un homme.

Voilà la raison pour laquelle les héros d'Homère sont presque des personnages historiques.

Mais lorsque la religion chrétienne eut chassé des esprits la croyance des dieux du paganisme, et contraint l'artiste à chercher d'autres sources d'illusion, le système poétique changea; les hommes prirent la place des dieux, et on leur donna un caractère plus un.

MOI

Mais l'unité de caractère un peu rigoureusement prise n'est-elle pas une chimère ?

DORVAL

Sans doute.

MOI

On abandonna donc la vérité ?

DORVAL

Point du tout. Rappelez-vous qu'il ne s'agit, sur la scène, que d'une seule action, que d'une circonstance de la vie, que d'un intervalle très court, pendant lequel il est vraisemblable qu'un homme a conservé son caractère.

MOI

Et dans l'épopée, qui embrasse une grande partie de

la vie, une multitude prodigieuse d'événements différents, des situations de toute espèce, comment faudrat-il peindre les hommes ?

DORVAL

Il me semble qu'il y a bien de l'avantage à rendre les hommes tels qu'ils sont. Ce qu'ils devraient être est une chose trop systématique et trop vague pour servir de base à un art d'imitation. Il n'y a rien de si rare qu'un homme tout à fait méchant, si ce n'est peut-être un homme tout à fait bon. Lorsque Thétis trempa son fils dans le Styx, il en sortit semblable à Thersite par le talon. Thétis est l'image de la nature. »

Ici Dorval s'arrêta; puis il reprit : « Il n'y a de beautés durables, que celles qui sont fondées sur des rapports avec les êtres de la nature. Si l'on imaginait les êtres dans une vicissitude rapide, toute peinture ne représentant qu'un instant qui fuit, toute imitation serait superflue. Les beautés ont, dans les arts, le même fondement que les vérités dans la philosophie. Qu'est-ce que la vérité ? La conformité de nos jugements avec les êtres. Qu'est-ce que la beauté d'imitation ? La conformité de l'image avec la chose.

« Je crains bien que ni les poètes, ni les musiciens, ni les décorateurs, ni les danseurs, n'aient pas encore une idée véritable de leur théâtre. Si le genre lyrique est mauvais, c'est le plus mauvais de tous les genres. S'il est bon, c'est le meilleur. Mais peut-il être bon, si l'on ne s'y propose point l'imitation de la nature, et de la nature la plus forte ? A quoi bon mettre en poésie ce qui ne valait pas la peine d'être conçu ? en chant, ce qui ne valait pas la peine d'être récité ? Plus on dépense sur un fonds, plus il importe qu'il soit bon. N'est-ce pas prostituer la philosophie, la poésie, la musique, la peinture, la danse, que de les occuper d'une absurdité ? Chacun de ces arts en particulier a pour but l'imitation de la nature; et pour employer leur magie réunie, on fait choix d'une fable! Et l'illusion n'est-elle pas déjà assez éloignée ? Et qu'a de commun avec la métamorphose ou le sortilège, l'ordre universel

des choses, qui doit toujours servir de base à la raison
poétique ? Des hommes de génie ont ramené, de nos
jours, la philosophie du monde intelligible dans le
monde réel. Ne s'en trouvera-t-il point un qui rende
le même service à la poésie lyrique, et qui la fasse
descendre des régions enchantées sur la terre que nous
habitons ?

« Alors on ne dira plus d'un poème lyrique, que
c'est un ouvrage choquant; dans le sujet, qui est hors
de la nature; dans les principaux personnages, qui
sont imaginaires; dans la conduite, qui n'observe
souvent ni unité de temps, ni unité de lieu, ni unité
d'action, et où tous les arts d'imitation semblent
n'avoir été réunis que pour affaiblir l'expression des uns
par les autres,

« Un sage était autrefois un philosophe, un poète, un
musicien. Ces talents ont dégénéré en se séparant : la
sphère de la philosophie s'est resserrée; les idées ont
manqué à la poésie; la force et l'énergie, aux chants;
et la sagesse, privée de ces organes, ne s'est plus fait
entendre aux peuples avec le même charme. Un grand
musicien et un grand poète lyrique répareraient tout le
mal.

« Voilà donc encore une carrière à remplir. Qu'il se
montre, cet homme de génie qui doit placer la véritable tragédie, la véritable comédie sur le théâtre
lyrique. Qu'il s'écrie, comme le prophète du peuple
hébreu dans son enthousiasme : *Adducite mihi psaltem*,
« qu'on m'amène un musicien », et il le fera naître.

« Le genre lyrique d'un peuple voisin a des défauts
sans doute, mais beaucoup moins qu'on ne pense. Si
le chanteur s'assujettissait à n'imiter, à la cadence,
que l'accent inarticulé de la passion dans les airs de
sentiment, ou que les principaux phénomènes de la
nature, dans les airs qui font tableau, et que le poète
sût que son ariette doit être la péroraison de sa scène,
la réforme serait bien avancée.

MOI

Et que deviendraient nos ballets ?

DORVAL

La danse ? La danse attend encore un homme de génie; elle est mauvaise partout, parce qu'on soupçonne à peine que c'est un genre d'imitation. La danse est à la pantomime, comme la poésie est à la prose, ou plutôt comme la déclamation naturelle est au chant. C'est une pantomime mesurée.

Je voudrais bien qu'on me dît ce que signifient toutes ces danses, telles que le menuet, le passe-pied, le rigaudon, l'allemande, la sarabande, où l'on suit un chemin tracé. Cet homme se déploie avec une grâce infinie; il ne fait aucun mouvement où je n'aperçoive de la facilité, de la douceur et de la noblesse : mais qu'est-ce qu'il imite ? Ce n'est pas là savoir chanter, c'est savoir solfier.

Une danse est un poème. Ce poème devrait donc avoir sa représentation séparée. C'est une imitation par les mouvements, qui suppose le concours du poète, du peintre, du musicien et du pantomime. Elle a son sujet; ce sujet peut être distribué par actes et par scènes. La scène a son récitatif libre ou obligé, et son ariette.

MOI

Je vous avoue que je ne vous entends qu'à moitié, et que je ne vous entendrais point du tout, sans une feuille volante qui parut il y a quelques années. L'auteur, mécontent du ballet qui termine le *Devin du village*, en proposait un autre, et je me trompe fort, ou ses idées ne sont pas éloignées des vôtres.

DORVAL

Cela peut être.

MOI

Un exemple achèverait de m'éclairer.

DORVAL

Un exemple ? Oui, on peut en imaginer un; et je vais y rêver. »

Nous fîmes quelques tours d'allées sans mot dire; Dorval rêvait à son exemple de la danse, et moi je repassais dans mon esprit quelques-unes de ses idées. Voici à peu près l'exemple qu'il me donna. « Il est commun, me dit-il; mais j'y appliquerai mes idées aussi facilement que s'il était plus voisin de la nature et plus piquant :

Sujet. — Un petit paysan et une jeune paysanne reviennent des champs sur le soir. Ils se rencontrent dans un bosquet voisin de leur hameau; et ils se proposent de répéter une danse qu'ils doivent exécuter ensemble le dimanche prochain, sous le grand orme.

ACTE PREMIER

Scène première. — Leur premier mouvement est d'une surprise agréable. Ils se témoignent cette surprise par une *pantomime*.

Ils s'approchent, ils se saluent; le petit paysan propose à la jeune paysanne de répéter leur leçon : elle lui répond qu'il est tard, qu'elle craint d'être grondée. Il la presse, elle accepte; ils posent à terre les instruments de leurs travaux : voilà un *récitatif*. Les pas marchés et la pantomime non mesurée sont le récitatif de la danse. Ils répètent leur danse; ils se recordent le geste et les pas; ils se reprennent, ils recommencent; ils font mieux, ils s'approuvent; ils se trompent, ils se dépitent : c'est un récitatif qui peut être coupé d'une *ariette* de dépit. C'est à l'orchestre à parler; c'est à lui à rendre les discours, à imiter les actions. Le poète a dicté à l'orchestre ce qu'il doit dire; le musicien l'a écrit; le peintre a imaginé les tableaux : c'est au pantomime à former les pas et les gestes. D'où vous concevez facilement, que si la danse n'est pas écrite comme un poème, si le poète a mal fait le discours, s'il n'a pas su trouver des tableaux agréables, si le danseur ne sait pas jouer, si l'orchestre ne sait pas parler, tout est perdu.

Scène II. — Tandis qu'ils sont occupés à s'instruire, on entend des sons effrayants; nos enfants en sont troublés; ils s'arrêtent, ils écoutent; le bruit cesse, ils se rassurent; ils continuent, ils sont interrompus et troublés derechef par les mêmes sons : c'est un *récitatif* mêlé d'un peu de *chant*. Il est suivi d'une pantomime de la jeune paysanne qui veut se sauver, et du jeune paysan qui la retient. Il dit ses raisons, elle ne veut pas les entendre; et il se fait entre eux un *duo* fort vif.

Ce *duo* a été précédé d'un bout de récitatif composé des petits gestes du visage, du corps et des mains de ces enfants, qui se montraient l'endroit d'où le bruit est venu.

La jeune paysanne s'est laissé persuader, et ils étaient en fort bon train de répéter leur danse, lorsque deux paysans plus âgés, déguisés d'une manière effrayante et comique, s'avancent à pas lents.

Scène III. — Ces paysans déguisés exécutent, au bruit d'une symphonie sourde, toute l'action qui peut épouvanter des enfants. Leur approche est un *récitatif;* leur discours un *duo*. Les enfants s'effrayent, ils tremblent de tous leurs membres. Leur effroi augmente à mesure que les spectres approchent; alors ils font tous leurs efforts pour s'échapper. Ils sont retenus, poursuivis; et les paysans déguisés, et les enfants effrayés, forment un *quatuor* fort vif, qui finit par l'évasion des enfants.

Scène IV. — Alors les spectres ôtent leurs masques; ils se mettent à rire; ils font toute la pantomime qui convient à des scélérats enchantés du tour qu'ils ont joué; ils s'en félicitent par un *duo*, et ils se retirent.

ACTE SECOND

Scène première. — Le petit paysan et la jeune paysanne avaient laissé sur la scène leur panetière et leur houlette; ils viennent les reprendre, le paysan le premier. Il montre d'abord le bout du nez; il fait un pas en avant, il recule, il écoute, il examine; il avance un peu plus, il recule encore; il s'enhardit peu à peu; il va à droite et à gauche; il ne craint plus : ce monologue est un *récitatif obligé*.

Scène II. — La jeune paysanne arrive, mais elle se

tient éloignée. Le petit paysan a beau l'inviter, elle ne veut point approcher. Il se jette à ses genoux ; il veut lui baiser la main. — « Et les esprits ? » lui dit-elle. — « Ils n'y sont plus, ils n'y sont plus. » C'est encore du *récitatif;* mais il est suivi d'un *duo*, dans lequel le petit paysan lui marque son désir, de la manière la plus passionnée ; et la jeune paysanne se laisse engager peu à peu à rentrer sur la scène, et à reprendre. Ce *duo* est interrompu par des mouvements de frayeur. Il ne se fait point de bruit, mais ils croient en entendre ; ils s'arrêtent ; ils écoutent, ils se rassurent, et continuent le *duo*.

Mais pour cette fois-ci, ce n'est point une erreur ; les sons effrayants ont recommencé ; la jeune paysanne a couru à sa panetière et à sa houlette ; le petit paysan en a fait autant.

Ils veulent s'enfuir.

Scène III. — Mais ils sont investis par une foule de fantômes, qui leur coupent le chemin de tous côtés. Ils se meuvent entre ces fantômes ; ils cherchent une échappée, ils n'en trouvent point. Et vous concevez bien que c'est un *chœur* que cela.

Au moment où leur consternation est la plus grande, les fantômes ôtent leurs masques, et laissent voir au petit paysan et à la jeune paysanne, des visages amis. La naïveté de leur étonnement forme un tableau très agréable. Ils prennent chacun un masque ; ils le considèrent ; ils le comparent au visage. La jeune paysanne a un masque hideux d'homme ; le petit paysan, un masque hideux de femme. Ils mettent ces masques ; ils se regardent ; ils se font des mines : et ce récitatif est suivi du *chœur* général. Le petit paysan et la petite paysanne se font, à travers ce *chœur*, mille niches enfantines ; et la pièce finit avec le *chœur*.

MOI

J'ai entendu parler d'un spectacle dans ce genre, comme de la chose la plus parfaite qu'on pût imaginer.

DORVAL

Vous voulez dire la troupe de Nicolini ?

MOI

Précisément.

DORVAL

Je ne l'ai jamais vue. Eh bien! croyez-vous encore que le siècle passé n'a plus rien laissé à faire à celui-ci ?

La tragédie domestique et bourgeoise à créer.

Le genre sérieux à perfectionner.

Les conditions de l'homme à substituer aux caractères, peut-être dans tous les genres.

La pantomime à lier étroitement avec l'action dramatique.

La scène à changer, et les tableaux à substituer aux coups de théâtre, source nouvelle d'invention pour le poète, et d'étude pour le comédien. Car, que sert au poète d'imaginer des tableaux, si le comédien demeure attaché à sa disposition symétrique et à son action compassée ?

La tragédie réelle à introduire sur le théâtre lyrique.

Enfin la danse à réduire sous la forme d'un véritable poème, à écrire et à séparer de tout autre art d'imitation.

MOI

Quelle tragédie voudriez-vous établir sur la scène lyrique ?

DORVAL

L'ancienne.

MOI

Pourquoi pas la tragédie domestique ?

DORVAL

C'est que la tragédie, et en général toute composition destinée pour la scène lyrique, doit être mesurée, et que la tragédie domestique me semble exclure la versification.

MOI

Mais croyez-vous que ce genre fournît au musicien

toute la ressource convenable à son art ? Chaque art a
ses avantages ; il semble qu'il en soit d'eux comme des
sens. Les sens ne sont tous qu'un toucher ; tous les
arts, qu'une imitation. Mais chaque sens touche, et
chaque art imite d'une manière qui lui est propre.

DORVAL

Il y a, en musique, deux styles, l'un simple, et
l'autre figuré. Qu'aurez-vous à dire, si je vous montre,
sans sortir de mes poètes dramatiques, des morceaux
sur lesquels le musicien peut déployer à son choix
toute l'énergie de l'un ou toute la richesse de l'autre ?
Quand je dis le *musicien*, j'entends l'homme qui a le
génie de son art ; c'est un autre que celui qui ne sait
qu'enfiler des modulations et combiner des notes.

MOI

Dorval, un de ces morceaux, s'il vous plaît ?

DORVAL

Très volontiers. On dit que Lulli même avait
remarqué celui que je vais vous citer ; ce qui prou-
verait peut-être qu'il n'a manqué à cet artiste que des
poèmes d'un autre genre, et qu'il se sentait un génie
capable des plus grandes choses.

Clytemnestre, à qui l'on vient d'arracher sa fille
pour l'immoler, voit le couteau du sacrificateur levé
sur son sein, son sang qui coule, un prêtre qui consulte
les dieux dans son cœur palpitant. Troublée de ces
images, elle s'écrie :

> . . . . O mère infortunée !
> De festons odieux ma fille couronnée,
> Tend la gorge aux couteaux par son père apprêtés.
> Calchas va dans son sang... Barbares ! arrêtez ;
> C'est le pur sang du dieu qui lance le tonnerre...
> J'entends gronder la foudre et sens trembler la terre.
> Un dieu vengeur, un dieu fait retentir ces coups.

Je ne connais, ni dans Quinault, ni dans aucun poète,
des vers plus lyriques, ni de situation plus propre à
l'imitation musicale. L'état de Clytemnestre doit
arracher de ses entrailles le cri de la nature ; et le musi-

cien le portera à mes oreilles dans toutes ses nuances.

S'il compose ce morceau dans le style simple, il se remplira de la douleur, du désespoir de Clytemnestre; il ne commencera à travailler que quand il se sentira pressé par les images terribles qui obsédaient Clytemnestre. Le beau sujet, pour un récitatif obligé, que les premiers vers! Comme on en peut couper les différentes phrases par une ritournelle plaintive!... *O ciel!...* *ô mère infortunée!...* premier jour pour la ritournelle... *De festons odieux ma fille couronnée...* second jour... *Tend la gorge aux couteaux par son père apprêtés...* troisième jour... *Par son père!...* quatrième jour... *Calchas va dans son sang...* cinquième jour... Quels caractères ne peut-on pas donner à cette symphonie ?... Il me semble que je l'entends... elle me peint la plainte... la douleur... l'effroi... l'horreur... la fureur...

L'air commence à *Barbares, arrêtez.* Que le musicien me déclame ce *barbares,* cet *arrêtez* en tant de manières qu'il voudra; il sera d'une stérilité bien surprenante, si ces mots ne sont pas pour lui une source inépuisable de mélodies...

Vivement, *Barbares; barbares, arrêtez, arrêtez... c'est le pur sang du dieu qui lance le tonnerre... c'est le sang... c'est le pur sang du dieu qui lance le tonnerre... Ce dieu vous voit... vous entend... vous menace, barbares... arrêtez! J'entends gronder la foudre... je sens trembler la terre... arrêtez... Un dieu, un dieu vengeur fait retentir ces coups... arrêtez, barbares... Mais rien ne les arrête... Ah! ma fille!... ah, mère infortunée!... Je la vois... je vois couler son sang... elle meurt... ah, barbares! ô ciel!...* Quelle variété de sentiments et d'images!

Qu'on abandonne ces vers à Mlle Dumesnil; voilà, ou je me trompe fort, le désordre qu'elle y répandra; voilà les sentiments qui se succéderont dans son âme; voilà ce que son génie lui suggérera; et c'est sa déclamation que le musicien doit imaginer et écrire. Qu'on en fasse l'expérience; et l'on verra la nature ramener l'actrice et le musicien sur les mêmes idées.

Mais le musicien prend-il le style figuré ? autre déclamation, autres idées, autre mélodie. Il fera exécuter, par la voix, ce que l'autre a réservé pour l'instrument; il fera gronder la foudre, il la lancera, il la fera tomber en éclats; il me montrera Clytemnestre effrayant les meurtriers de sa fille, par l'image du dieu dont ils vont répandre le sang; il portera cette image à mon imagination déjà ébranlée par le pathétique de la poésie et de la situation, avec le plus de vérité et de force qu'il lui sera possible. Le premier s'était entièrement occupé des accents de Clytemnestre; celui-ci s'occupe un peu de son expression. Ce n'est plus la mère d'Iphigénie que j'entends; c'est la foudre qui gronde, c'est la terre qui tremble, c'est l'air qui retentit de bruits effrayants.

Un troisième tentera la réunion des avantages des deux styles; il saisira le cri de la nature, lorsqu'il se produit violent et inarticulé; et il en fera la base de sa mélodie. C'est sur les cordes de cette mélodie qu'il fera gronder la foudre et qu'il lancera le tonnerre. Il entreprendra peut-être de montrer le dieu vengeur; mais il fera sortir, à travers les différents traits de cette peinture, les cris d'une mère éplorée.

Mais, quelque prodigieux génie que puisse avoir cet artiste, il n'atteindra point un de ces buts sans s'écarter de l'autre. Tout ce qu'il accordera à des tableaux sera perdu pour le pathétique. Le tout produira plus d'effet sur les oreilles, moins sur l'âme. Ce compositeur sera plus admiré des artistes, moins des gens de goût.

Et ne croyez pas que ce soient ces mots parasites du style lyrique, *lancer... gronder... trembler...* qui fassent le pathétique de ce morceau! c'est la passion dont il est animé. Et si le musicien, négligeant le cri de la passion, s'amusait à combiner des sons à la faveur de ces mots, le poète lui aurait tendu un cruel piège. Est-ce sur les idées, *lance, gronde, tremble*, ou sur celles-ci, *barbares... arrêtez... c'est le sang... c'est le pur sang d'un dieu... d'un dieu vengeur...* que la véritable déclamation appuiera ?

Mais voici un autre morceau, dans lequel ce musicien ne montrera pas moins de génie, s'il en a, et où il n'y a ni *lance*, ni *victoire*, ni *tonnerre*, ni *vol*, ni *gloire*, ni aucune de ces expressions qui feront le tourment d'un poète tant qu'elles seront l'unique et pauvre ressource du musicien.

RÉCITATIF OBLIGÉ

Un prêtre environné d'une foule cruelle...
Portera sur ma fille... *(sur ma fille!)* une main criminelle...
Déchirera son sein... et d'un œil curieux...
Dans son cœur palpitant... consultera les dieux!...
Et moi qui l'amenai triomphante... adorée...
Je m'en retournerai... seule... et désespérée!
Je verrai les chemins encor tout parfumés
Des fleurs dont sous ses pas on les avait semés.

AIR

Non, je ne l'aurai point amenée au supplice...
Ou vous ferez aux Grecs un double sacrifice.
Ni crainte, ni respect ne m'en peut détacher.
De mes bras tout sanglants il faudra l'arracher.
Aussi barbare époux qu'impitoyable père,
Venez, si vous l'osez, la ravir à sa mère.

Non, je ne l'aurai point amenée au supplice... Non... ni crainte, ni respect ne peut m'en détacher... Non... barbare époux... impitoyable père... venez la ravir à sa mère... venez, si vous l'osez... Voilà les idées principales qui occupaient l'âme de Clytemnestre, et qui occuperont le génie du musicien.

Voilà mes idées; je vous les communique d'autant plus volontiers, que, si elles ne sont jamais d'une utilité bien réelle, il est impossible qu'elles nuisent; s'il est vrai, comme le prétend un des premiers hommes de la nation, que presque tous les genres de littérature soient épuisés, et qu'il ne reste plus rien de grand à exécuter, même pour un homme de génie.

C'est aux autres à décider si cette espèce de poétique, que vous m'avez arrachée, contient quelques vues solides, ou n'est qu'un tissu de chimères. J'en croirais volontiers M. de Voltaire, mais ce serait à la condition qu'il appuierait ses jugements de quelques raisons qui nous éclairassent. S'il y avait sur la terre une autorité infaillible que je reconnusse, ce serait la sienne.

MOI

On peut, si vous voulez, lui communiquer vos idées.

DORVAL

J'y consens. L'éloge d'un homme habile et sincère peut me plaire; sa critique, quelque amère qu'elle soit, ne peut m'affliger. J'ai commencé, il y a longtemps, à chercher mon bonheur dans un objet qui fût plus solide, et qui dépendît plus de moi que la gloire littéraire. Dorval mourra content, s'il peut mériter qu'on dise de lui, quand il ne sera plus : « *Son père, qui était si honnête homme, ne fut pourtant pas plus honnête homme que lui.* »

MOI

Mais si vous regardiez le bon ou le mauvais succès d'un ouvrage presque d'un œil indifférent, quelle répugnance pourriez-vous avoir à publier le vôtre ?

DORVAL

Aucune. Il y en a déjà tant de copies. Constance n'en a refusé à personne. Cependant, je ne voudrais pas qu'on présentât ma pièce aux comédiens.

MOI

Pourquoi ?

DORVAL

Il est incertain qu'elle fût acceptée. Il l'est beaucoup plus encore qu'elle réussît. Une pièce qui tombe ne se lit guère. En voulant étendre l'utilité de celle-ci, on risquerait de l'en priver tout à fait.

MOI

Voyez cependant... Il est un grand prince qui connaît toute l'importance du genre dramatique, et qui s'intéresse au progrès du goût national. On pourrait le solliciter... obtenir...*

DORVAL

Je le crois; mais réservons sa protection pour *le Père de famille*. Il ne nous la refusera pas sans doute, lui

* Mgr le duc d'Orléans. *(Note de Diderot.)*

qui a montré avec tant de courage combien il l'était...
Ce sujet me tourmente; et je sens qu'il faudra que tôt
ou tard je me délivre de cette fantaisie; car c'en est
une, comme il en vient à tout homme qui vit dans la
solitude... Le beau sujet, que le Père de famille!...
C'est la vocation générale de tous les hommes... Nos
enfants sont la source de nos plus grands plaisirs et
de nos plus grandes peines... Ce sujet tiendra mes yeux
sans cesse attachés sur mon père... Mon père!... J'achè-
verai de peindre le bon Lysimond... Je m'instruirai
moi-même... Si j'ai des enfants, je ne serai pas fâché
d'avoir pris avec eux des engagements...

MOI

Et dans quel genre *le Père de famille ?*

DORVAL

J'y ai pensé; et il me semble que la pente de ce sujet
n'est pas la même que celle du *Fils naturel. Le Fils
naturel* a des nuances de la tragédie; *le Père de famille*
prendra une teinte comique.

MOI

Seriez-vous assez avancé pour savoir cela ?

DORVAL

Oui... retournez à Paris... Publiez le septième volume
de l'*Encyclopédie...* Venez vous reposer ici... et
comptez que *le Père de famille* ne se fera point, ou qu'il
sera fait avant la fin de vos vacances... Mais, à propos,
on dit que vous partez bientôt.

MOI

Après-demain.

DORVAL

Comment, après-demain ?

MOI

Oui

DORVAL

Cela est un peu brusque... Cependant arrangez-
vous comme il vous plaira... il faut absolument que
vous fassiez connaissance avec Constance, Clairville
et Rosalie... Seriez-vous homme à venir ce soir
demander à souper à Clairville ? »

Dorval vit que je consentais; et nous reprîmes aussitôt le chemin de la maison. Quel accueil ne fit-on pas
à un homme présenté par Dorval ? En un moment je
fus de la famille. On parla, devant et après le souper,
gouvernement, religion, politique, belles-lettres, philosophie; mais, quelle que fût la diversité des sujets, je
reconnus toujours le caractère que Dorval avait donné
à chacun de ses personnages. Il avait le ton de la mélancolie; Constance, le ton de la raison; Rosalie, celui de
l'ingénuité; Clairville, celui de la passion; moi, celui
de la bonhomie.

PARADOXE SUR LE COMÉDIEN

NOTICE

Le *Paradoxe sur le Comédien* est un ouvrage posthume. Il n'est connu que depuis 1830, date à laquelle il fut édité à Paris par le libraire Sautelet. Cette circonstance a même entraîné, en 1902-1903, une polémique suscitée par la réédition d'Ernest Dupuy, qui contestait l'authenticité d'au moins la moitié du texte connu. Joseph Bédier fit justice de cette contestation hasardeuse, et plus personne aujourd'hui ne doute plus que le *Paradoxe* soit effectivement l'œuvre de Diderot. Elle aura eu l'intérêt d'attirer l'attention sur les versions progressives que l'auteur rédigea de son œuvre ; ce qui, en particulier, est un solide argument contre l'image de Diderot improvisateur. La première allusion à ce qui est devenu le *Paradoxe* se trouve dans une lettre à Grimm du 14 novembre 1769. Celui-ci lui avait confié, pour sa *Correspondance littéraire*, quelques ouvrages nouveaux à analyser, et Diderot rend compte de son travail : « J'ai jugé tous ces gredins que vous m'avez envoyés. Celui intitulé *Garrick ou le jeu théâtral* * m'a fait faire un morceau qui mériterait bien d'être mis dans un meilleur ordre... C'est un beau paradoxe. Je prétends que c'est la sensibilité qui fait les comédiens médiocres ; l'extrême senilbilité les comédiens bornés ; le sens froid et la tête, ses comédiens sublimes. » Ce compte rendu paraît effectivement dans la livraison de la *Correspondance* du 15 octobre-1er novembre 1770.

Il est capital, pour la compréhension de l'ouvrage, de considérer que cette première ébauche a été com-

---

* Le titre exact de la brochure était : *Garrick ou les acteurs anglais*.

posée en novembre 1769, deux mois seulement après
la rédaction du *Rêve de d'Alembert*. Les considérations sur la part de la sensibilité dans l'art du comédien
s'éclairent à la lecture de la théorie de la sensibilité
énoncée dans *Le Rêve* : « ... qu'est-ce qu'un être sensible ? Un être abandonné à la discrétion du diaphragme (Diderot entend par ce mot ce que nous appelons le système sympathique)... Le grand homme, s'il
a malheureusement reçu cette disposition naturelle,
s'occupera sans relâche à l'affaiblir, à la dominer, à
se rendre maître de ses mouvements et à conserver à
l'origine du faisceau (entendons : le cerveau) tout son
empire ». Il est remarquable, d'ailleurs, que Diderot,
dans le *Paradoxe*, élargisse sa théorie psychologique
du comédien à tout artiste.

Ce n'est qu'en 1773 que, comme il l'écrit de Hollande à Mme d'Epinay, « un certain pamphlet sur
l'art de l'acteur est presque devenu un ouvrage ».
Nombre d'allusions — à Mlle Raucourt, qui n'a
débuté à la Comédie-Française que le 23 janvier 1773;
aux représentations du *Père de famille* devant le roi
de Naples, qui ont eu lieu les 16 et 23 janvier 1773 —
ne peuvent avoir été formulées plus tôt. D'autres
recoupements ont permis de situer dans les dernières
années de la vie de Diderot l'ultime remaniement de
ce texte, à partir duquel ont été établis les deux manus-
crits qui nous sont parvenus.

On verra aisément, en le lisant, que le *Paradoxe sur
le Comédien* ne saurait être considéré comme une
opinion sans fondement, soutenue pour le plaisir d'une
originalité facile. C'est au contraire un « paradoxe »,
au sens où l'*Encyclopédie* définissait ce terme : « ... une
proposition absurde en apparence, à cause qu'elle est
contraire aux opinions reçues, et qui, néanmoins, est
vraie au fond... ». J'ai montré, dans mon introduction,
comment on pouvait, en ce qui concerne l'art du
comédien, apercevoir le bien-fondé de la thèse du
Paradoxe. Il faut poursuivre cette démarche dans
le domaine plus général de la psychologie de l'artiste, puisque, comme l'a péremptoirement démontré
M. Belaval, cette thèse se rattache à l'esthétique géné-

rale de Diderot, et par là à l'ensemble de sa philosophie. On tirerait alors du *Paradoxe sur le Comédien* des considérations qui feraient litière du mythe de l'inspiration. Diderot, déjà, dans le second entretien sur *Le Fils naturel,* notait que le moment de l'enthousiasme, c'est, pour le poète, « après qu'il a médité ». Il semble bien que sa pensée dernière n'ait pas été si éloignée de cette remarque de Valéry : « On ne fait pas de la politique avec un bon cœur; mais davantage, ce n'est pas avec des absences et des rêves que l'on impose à la parole de si précieux et de si rares ajustements. La véritable condition d'un véritable poète est ce qu'il y a de plus distinct de l'état de rêve. »

R. L.

PARADOXE SUR LE COMÉDIEN

PREMIER INTERLOCUTEUR

N'en parlons plus.

SECOND INTERLOCUTEUR

Pourquoi ?

LE PREMIER

C'est l'ouvrage de votre ami.

LE SECOND

Qu'importe ?

LE PREMIER

Beaucoup. A quoi bon vous mettre dans l'alternative de mépriser ou son talent, ou mon jugement, et de rabattre de la bonne opinion que vous avez de lui ou de celle que vous avez de moi ?

LE SECOND

Cela n'arrivera pas; et quand cela arriverait, mon amitié pour tous les deux, fondée sur des qualités plus essentielles, n'en souffrirait pas.

LE PREMIER

Peut-être.

LE SECOND

J'en suis sûr. Savez-vous à qui vous ressemblez

dans ce moment ? A un auteur de ma connaissance qui suppliait à genoux une femme à laquelle il était attaché, de ne pas assister à la première représentation d'une de ses pièces.

LE PREMIER

Votre auteur était modeste et prudent.

LE SECOND

Il craignait que le sentiment tendre qu'on avait pour lui ne tînt au cas que l'on faisait de son mérite littéraire.

LE PREMIER

Cela se pourrait.

LE SECOND

Qu'une chute publique ne le dégradât un peu aux yeux de sa maîtresse.

LE PREMIER

Que moins estimé, il ne fût moins aimé. Et cela vous paraît ridicule ?

LE SECOND

C'est ainsi qu'on en jugea. La loge fut louée, et il eut le plus grand succès : et Dieu sait comme il fut embrassé, fêté, caressé.

LE PREMIER

Il l'eût été bien davantage après la pièce sifflée.

LE SECOND

Je n'en doute pas.

LE PREMIER

Et je persiste dans mon avis.

LE SECOND

Persistez, j'y consens ; mais songez que je ne suis pas

une femme, et qu'il faut, s'il vous plaît, que vous vous expliquiez.

LE PREMIER

Absolument ?

LE SECOND

Absolument.

LE PREMIER

Il me serait plus aisé de me taire que de déguiser ma pensée.

LE SECOND

Je le crois.

LE PREMIER

Je serai sévère.

LE SECOND

C'est ce que mon ami exigerait de vous.

LE PREMIER

Eh bien, puisqu'il faut vous le dire, son ouvrage, écrit d'un style tourmenté, obscur, entortillé, boursouflé, est plein d'idées communes. Au sortir de cette lecture, un grand comédien n'en sera pas meilleur, et un pauvre acteur n'en sera pas moins mauvais. C'est à la nature à donner les qualités de la personne, la figure, la voix, le jugement, la finesse. C'est à l'étude des grands modèles, à la connaissance du cœur humain, à l'usage du monde, au travail assidu, à l'expérience, et à l'habitude du théâtre, à perfectionner le don de nature. Le comédien imitateur peut arriver au point de rendre tout passablement; il n'y a rien ni à louer, ni à reprendre dans son jeu.

LE SECOND

Ou tout est à reprendre.

LE PREMIER

Comme vous voudrez. Le comédien de nature est

souvent détestable, quelquefois excellent. En quelque
genre que ce soit, méfiez-vous d'une médiocrité soutenue. Avec quelque rigueur qu'un débutant soit
traité, il est facile de pressentir ses succès à venir. Les
huées n'étouffent que les ineptes. Et comment la nature
sans l'art formerait-elle un grand comédien, puisque
rien ne se passe exactement sur la scène comme en
nature, et que les poèmes dramatiques sont tous
composés d'après un certain système de principes ?
Et comment un rôle serait-il joué de la même manière
par deux acteurs différents, puisque dans l'écrivain le
plus clair, le plus précis, le plus énergique, les mots ne
sont et ne peuvent être que des signes approchés d'une
pensée, d'un sentiment, d'une idée; signes dont le
mouvement, le geste, le ton, le visage, les yeux, la
circonstance donnée, complètent la valeur ? Lorsque
vous avez entendu ces mots :

...Que fait là votre main ?
— Je tâte votre habit, l'étoffe en est moelleuse.

Que savez-vous ? Rien. Pesez bien ce qui suit, et
concevez combien il est fréquent et facile à deux interlocuteurs, en employant les mêmes expressions, d'avoir
pensé et de dire des choses tout à fait différentes.
L'exemple que je vous en vais donner est une espèce de
prodige; c'est l'ouvrage même de votre ami. Demandez
à un comédien français ce qu'il en pense, et il
conviendra que tout en est vrai. Faites la même question à un comédien anglais, et il vous jurera *by God*,
qu'il n'y a pas une phrase à changer, et que c'est le
pur évangile de la scène. Cependant comme il n'y a
presque rien de commun entre la manière d'écrire la
comédie et la tragédie en Angleterre et la manière
dont on écrit ces poèmes en France; puisque, au sentiment même de Garrick, celui qui sait rendre parfaitement une scène de Shakespeare ne connaît pas le
premier accent de la déclamation d'une scène de Racine;
puisque enlacé par les vers harmonieux de ce dernier,
comme par autant de serpents dont les replis lui
étreignent la tête, les pieds, les mains, les jambes et les
bras, son action en perdrait toute sa liberté : il s'ensuit

évidemment que l'acteur français et l'acteur anglais qui conviennent unanimement de la vérité des principes de votre auteur ne s'entendent pas et qu'il y a dans la langue technique du théâtre une latitude, un vague assez considérable pour que des hommes sensés, d'opinions diamétralement opposées, croient y reconnaître la lumière de l'évidence. Et demeurez plus que jamais attaché à votre maxime : *Ne vous expliquez point si vous voulez vous entendre.*

LE SECOND

Vous pensez qu'en tout ouvrage, et surtout dans celui-ci, il y a deux sens distingués, tous les deux renfermés sous les mêmes signes, l'un à Londres, l'autre à Paris ?

LE PREMIER

Et que ces signes présentent si nettement ces deux sens que votre ami même s'y est trompé, puisqu'en associant des noms de comédiens anglais à des noms de comédiens français, leur appliquant les mêmes préceptes, et leur accordant le même blâme et les mêmes éloges, il a sans doute imaginé que ce qu'il prononçait des uns était également juste des autres.

LE SECOND

Mais, à ce compte, aucun autre auteur n'aurait fait autant de vrais contresens.

LE PREMIER

Les mêmes mots dont il se sert énonçant une chose au carrefour de Bussy, et une chose différente à Drury-Lane, il faut que je l'avoue à regret; au reste, je puis avoir tort. Mais le point important, sur lequel nous avons des opinions tout à fait opposées, votre auteur et moi, ce sont les qualités premières d'un grand comédien. Moi, je lui veux beaucoup de jugement; il me faut dans cet homme un spectateur froid et tranquille; j'en exige, par conséquent, de la pénétration et nulle sensibilité, l'art de tout imiter, ou, ce qui revient au même, une égale aptitude à toutes sortes de caractères et de rôles.

LE SECOND

Nulle sensibilité!

LE PREMIER

Nulle. Je n'ai pas encore bien enchaîné mes raisons, et vous me permettrez de vous les exposer comme elles me viendront, dans le désordre de l'ouvrage même de votre ami.

Si le comédien était sensible, de bonne foi lui serait-il permis de jouer deux fois de suite un même rôle avec la même chaleur et le même succès ? Très chaud à la première représentation, il serait épuisé et froid comme un marbre à la troisième. Au lieu qu'imitateur attentif et disciple réfléchi de la nature, la première fois qu'il se présentera sur la scène sous le nom d'Auguste, de Cinna, d'Orosmane, d'Agamemnon, de Mahomet, copiste rigoureux de lui-même ou de ses études, et observateur continu de nos sensations, son jeu, loin de s'affaiblir, se fortifiera des réflexions nouvelles qu'il aura recueillies; il s'exaltera ou se tempérera, et vous en serez de plus en plus satisfait. S'il est lui quand il joue, comment cessera-t-il d'être lui ? S'il veut cesser d'être lui, comment saisira-t-il le point juste auquel il faut qu'il se place et s'arrête ?

Ce qui me confirme dans mon opinion, c'est l'inégalité des acteurs qui jouent d'âme. Ne vous attendez de leur part à aucune unité; leur jeu est alternativement fort et faible, chaud et froid, plat et sublime. Ils manqueront demain l'endroit où ils auront excellé aujourd'hui; en revanche, ils excelleront dans celui qu'ils auront manqué la veille. Au lieu que le comédien qui jouera de réflexion, d'étude de la nature humaine, d'imitation constante d'après quelque modèle idéal, d'imagination, de mémoire, sera un, le même à toutes les représentations, toujours également parfait : tout a été mesuré, combiné, appris, ordonné dans sa tête; il n'y a dans sa déclamation ni monotonie, ni dissonance. La chaleur a son progrès, ses élans, ses rémis-

sions, son commencement, son milieu, son extrême. Ce
sont les mêmes accents, les mêmes positions, les mêmes
mouvements; s'il y a quelque différence d'une représentation à l'autre, c'est ordinairement à l'avantage de
la dernière. Il ne sera pas journalier : c'est une glace
toujours disposée à montrer les objets et à les montrer
avec la même précision, la même force et la même
vérité. Ainsi que le poëte, il va sans cesse puiser dans
le fonds inépuisable de la nature, au lieu qu'il aurait
bientôt vu le terme de sa propre richesse.

Quel jeu plus parfait que celui de la Clairon ?
cependant suivez-la, étudiez-la, et vous serez convaincu
qu'à la sixième représentation elle sait par cœur tous
les détails de son jeu comme tous les mots de son rôle.
Sans doute elle s'est fait un modèle auquel elle a
d'abord cherché à se conformer; sans doute elle a
conçu ce modèle le plus haut, le plus grand, le plus
parfait qu'il lui a été possible; mais ce modèle qu'elle
a emprunté de l'histoire, ou que son imagination a créé
comme un grand fantôme, ce n'est pas elle; si ce
modèle n'était que de sa hauteur, que son action serait
faible et petite! Quand, à force de travail, elle a
approché de cette idée le plus près qu'elle a pu, tout
est fini; se tenir ferme là, c'est une pure affaire d'exercice et de mémoire. Si vous assistiez à ses études,
combien de fois vous lui diriez : *Vous y êtes!...* combien
de fois elle vous répondrait : *Vous vous trompez!...*
C'est comme Le Quesnoy, à qui son ami saisissait
le bras, et criait : *Arrêtez! le mieux est l'ennemi du
bien : vous allez tout gâter...* Vous voyez ce que j'ai
fait, répliquait l'artiste haletant au connaisseur émer-
veillé; mais vous ne voyez pas ce que j'ai là, et ce que
je poursuis.

Je ne doute point que la Clairon n'éprouve le tourment du Quesnoy dans ses premières tentatives; mais
la lutte passée, lorsqu'elle s'est une fois élevée à la
hauteur de son fantôme, elle se possède, elle se répète
sans émotion. Comme il nous arrive quelquefois dans
le rêve, sa tête touche aux nues, ses mains vont chercher
les deux confins de l'horizon; elle est l'âme d'un grand
mannequin qui l'enveloppe; ses essais l'ont fixé sur

elle. Nonchalamment étendue sur une chaise longue, les bras croisés, les yeux fermés, immobile, elle peut, en suivant son rêve de mémoire, s'entendre, se voir, se juger et juger les impressions qu'elle excitera. Dans ce moment elle est double : la petite Clairon et la grande Agrippine.

LE SECOND

Rien, à vous entendre, ne ressemblerait tant à un comédien sur la scène ou dans ses études, que les enfants qui, la nuit, contrefont les revenants sur les cimetières, en élevant au-dessus de leurs têtes un grand drap blanc au bout d'une perche, et faisant sortir de dessous ce catafalque une voix lugubre qui effraie les passants.

LE PREMIER

Vous avez raison. Il n'en est pas de la Dumesnil ainsi que de la Clairon. Elle monte sur les planches sans savoir ce qu'elle dira; la moitié du temps elle ne sait ce qu'elle dit, mais il vient un moment sublime. Et pourquoi l'acteur différerait-il du poète, du peintre, de l'orateur, du musicien ? Ce n'est pas dans la fureur du premier jet que les traits caractéristiques se présentent, c'est dans des moments tranquilles et froids, dans des moments tout à fait inattendus. On ne sait d'où ces traits viennent; ils tiennent de l'inspiration. C'est lorsque, suspendus entre la nature et leur ébauche ces génies portent alternativement un œil attentif sur l'une et l'autre; les beautés d'inspiration, les traits fortuits qu'ils répandent dans leurs ouvrages, et dont l'apparition subite les étonne eux-mêmes, sont d'un effet et d'un succès bien autrement assurés que ce qu'ils ont jeté de boutade. C'est au sang-froid à tempérer le délire de l'enthousiasme.

Ce n'est pas l'homme violent qui est hors de lui-même qui dispose de nous; c'est un avantage réservé à l'homme qui se possède. Les grands poètes dramatiques surtout sont spectateurs assidus de ce qui se passe autour d'eux dans le monde physique et dans le monde moral.

LE SECOND

Qui n'est qu'un.

LE PREMIER

Ils saisissent tout ce qui les frappe ; ils en font des recueils. C'est de ces recueils formés en eux, à leur insu, que tant de phénomènes rares passent dans leurs ouvrages. Les hommes chauds, violents, sensibles, sont en scène ; ils donnent le spectacle, mais ils n'en jouissent pas. C'est d'après eux que l'homme de génie fait sa copie. Les grands poètes, les grands acteurs, et peut-être en général tous les grands imitateurs de la nature, quels qu'ils soient, doués d'une belle imagination, d'un grand jugement, d'un tact fin, d'un goût très sûr, sont les êtres les moins sensibles. Ils sont également propres à trop de choses ; ils sont trop occupés à regarder, à reconnaître et à imiter, pour être vivement affectés au-dedans d'eux-mêmes. Je les vois sans cesse le porte-feuille sur les genoux et le crayon à la main.

Nous sentons, nous ; eux, ils observent, étudient et peignent. Le dirai-je ? Pourquoi non ? La sensibilité n'est guère la qualité d'un grand génie. Il aimera la justice ; mais il exercera cette vertu sans en recueillir la douceur. Ce n'est pas son cœur, c'est sa tête qui fait tout. A la moindre circonstance inopinée, l'homme sensible la perd ; il ne sera ni un grand roi, ni un grand ministre, ni un grand capitaine, ni un grand avocat, ni un grand médecin. Remplissez la salle du spectacle de ces pleureurs-là, mais ne m'en placez aucun sur la scène. Voyez les femmes ; elles nous surpassent certainement, et de fort loin, en sensibilité : quelle comparaison d'elles à nous dans les instants de la passion ! Mais autant nous le leur cédons quand elles agissent, autant elles restent au-dessous de nous quand elles imitent. La sensibilité n'est jamais sans faiblesse d'organisation. La larme qui s'échappe de l'homme vraiment homme nous touche plus que tous les pleurs d'une femme. Dans la grande comédie, la comédie du monde, celle à laquelle j'en reviens toujours, toutes les âmes chaudes occupent le théâtre ; tous les hommes de génie sont au parterre. Les premiers s'appellent

orchestra, stalls

des fous ; les seconds, qui s'occupent à copier leurs folies, s'appellent des sages. C'est l'œil du sage qui saisit le ridicule de tant de personnages divers, qui le peint, et qui vous fait rire et de ces fâcheux originaux dont vous avez été la victime, et de vous-même. C'est lui qui vous observait, et qui traçait la copie comique et du fâcheux et de votre supplice.

Ces vérités seraient démontrées que les grands comédiens n'en conviendraient pas ; c'est leur secret. Les acteurs médiocres ou novices sont faits pour les rejeter, et l'on pourrait dire de quelques autres qu'ils croient sentir, comme on a dit du superstitieux, qu'il croit croire ; et que sans la foi pour celui-ci, et sans la sensibilité pour celui-là, il n'y a point de salut.

Mais quoi ? dira-t-on, ces accents si plaintifs, si douloureux, que cette mère arrache du fond de ses entrailles, et dont les miennes sont si violemment secouées, ce n'est pas le sentiment actuel qui les produit, ce n'est pas le désespoir qui les inspire ? Nullement ; et la preuve, c'est qu'ils sont mesurés ; qu'ils font partie d'un système de déclamation ; que plus bas ou plus aigus de la vingtième partie d'un quart de ton, ils sont faux ; qu'ils sont soumis à une loi d'unité ; qu'ils sont, comme dans l'harmonie, préparés et sauvés ; qu'ils ne satisfont à toutes les conditions requises que par une longue étude ; qu'ils concourent à la solution d'un problème proposé ; que pour être poussés juste, ils ont été répétés cent fois, et que malgré ces fréquentes répétitions, on les manque encore ; c'est qu'avant de dire :

                    Zaïre, vous pleurez !
ou,
                    Vous y serez, ma fille,

l'acteur s'est longtemps écouté lui-même ; c'est qu'il s'écoute au moment où il vous trouble, et que tout son talent consiste non pas à sentir, comme vous le supposez, mais à rendre si scrupuleusement les signes extérieurs du sentiment, que vous vous y trompiez. Les cris de sa douleur sont notés dans son oreille. Les gestes de son désespoir sont de mémoire, et ont été

préparés devant une glace. Il sait le moment précis où
il tirera son mouchoir et où les larmes couleront;
attendez-les à ce mot, à cette syllabe, ni plus tôt
ni plus tard. Ce tremblement de la voix, ces
mots suspendus, ces sons étouffés ou traînés, ce
frémissement des membres, ce vacillement des
genoux, ces évanouissements, ces fureurs, pure
imitation, leçon recordée d'avance, grimace pathétique, singerie sublime dont l'acteur garde le souvenir
longtemps après l'avoir étudiée, dont il avait la conscience présente au moment où il l'exécutait, qui lui
laisse, heureusement pour le poète, pour le spectateur
et pour lui, toute la liberté de son esprit, et qui ne lui
ôte, ainsi que les autres exercices que la force du corps.
Le socque ou le cothurne déposé, sa voix est éteinte,
il éprouve une extrême fatigue, il va changer de linge
ou se coucher; mais il ne lui reste ni trouble, ni douleur,
ni mélancolie, ni affaissement d'âme. C'est vous qui
remportez toutes ces impressions. L'acteur est las, et
vous triste; c'est qu'il s'est démené sans rien sentir,
et que vous avez senti sans vous démener. S'il en était
autrement, la condition du comédien serait la plus
malheureuse des conditions; mais il n'est pas le personnage, il le joue et le joue si bien que vous le prenez
pour tel : l'illusion n'est que pour vous; il sait bien, lui,
qu'il ne l'est pas.

  Des sensibilités diverses, qui se concertent entre elles
pour obtenir le plus grand effet possible, qui se diapa-
sonnent, qui s'affaiblissent, qui se fortifient, qui se
nuancent pour former un tout qui soit un, cela me
fait rire. J'insiste donc, et je dis : « C'est l'extrême
sensibilité qui fait les acteurs médiocres; c'est la sensibilité médiocre qui fait la multitude des mauvais
acteurs; et c'est le manque absolu de sensibilité qui
prépare les acteurs sublimes. » Les larmes du comédien
descendent de son cerveau; celles de l'homme sensible
montent de son cœur : ce sont les entrailles qui
troublent sans mesure la tête de l'homme sensible;
c'est la tête du comédien qui porte quelquefois un
trouble passager dans ses entrailles; il pleure comme un
prêtre incrédule qui prêche la Passion; comme un

séducteur aux genoux d'une femme qu'il n'aime pas,
mais qu'il veut tromper; comme un gueux dans la rue
ou à la porte d'une église, qui vous injurie lorsqu'il
désespère de vous toucher; ou comme une courtisane
qui ne sent rien, mais qui se pâme entre vos bras.

Avez-vous jamais réfléchi à la différence des larmes
excitées par un événement tragique et des larmes
excitées par un récit pathétique ? On entend raconter
une belle chose : peu à peu la tête s'embarrasse, les
entrailles s'émeuvent, et les larmes coulent. Au
contraire, à l'aspect d'un accident tragique, l'objet,
la sensation et l'effet se touchent; en un instant, les
entrailles s'émeuvent, on pousse un cri, la tête se perd,
et les larmes coulent; celles-ci viennent subitement;
les autres sont amenées. Voilà l'avantage d'un coup de
théâtre naturel et vrai sur une scène éloquente, il
opère brusquement ce que la scène fait attendre; mais
l'illusion en est beaucoup plus difficile à produire; un
incident faux, mal rendu, la détruit. Les accents
s'imitent mieux que les mouvements, mais les mouvements frappent plus violemment. Voilà le fondement
d'une loi à laquelle je ne crois pas qu'il y ait d'exception, c'est de dénouer par une action et non par un
récit, sous peine d'être froid.

Eh bien, n'avez-vous rien à m'objecter ? Je vous
entends; vous faites un récit en société; vos entrailles
s'émeuvent, votre voix s'entrecoupe, vous pleurez.
Vous avez, dites-vous, senti et très vivement senti.
J'en conviens; mais vous y êtes-vous préparé ? Non.
Parliez-vous en vers ? Non. Cependant vous entraîniez,
vous étonniez, vous touchiez, vous produisiez un
grand effet. Il est vrai. Mais portez au théâtre votre ton
familier, votre expression simple, votre maintien domestique, votre geste naturel, et vous verrez combien vous
serez pauvre et faible. Vous aurez beau verser des
pleurs, vous serez ridicule, on rira. Ce ne sera pas une
tragédie, ce sera une parade tragique que vous
jouerez. Croyez-vous que les scènes de Corneille, de
Racine, de Voltaire, même de Shakespeare, puissent
se débiter avec votre voix de conversation et le ton du

coin de votre âtre ? Pas plus que l'histoire du coin de
votre âtre avec l'emphase et l'ouverture de bouche du
théâtre.

LE SECOND

C'est que peut-être Racine et Corneille, tout grands
hommes qu'ils étaient, n'ont rien fait qui vaille.

LE PREMIER

Quel blasphème ! Qui est-ce qui oserait le proférer ?
Qui est-ce qui oserait y applaudir ? Les choses fami-
lières de Corneille ne peuvent pas même se dire d'un
ton familier.

Mais une expérience que vous aurez cent fois
répétée, c'est qu'à la fin de votre récit, au milieu du
trouble et de l'émotion que vous avez jetés dans votre
petit auditoire de salon, il survient un nouveau personnage dont il faut satisfaire la curiosité. Vous ne le
pouvez plus, votre âme est épuisée, il ne vous reste ni
sensibilité, ni chaleur, ni larmes. Pourquoi l'acteur
n'éprouve-t-il pas le même affaissement ? C'est qu'il y a
bien de la différence de l'intérêt qu'il prend à un conte
fait à plaisir et de l'intérêt que vous inspire le malheur
de votre voisin. Etes-vous Cinna ? Avez-vous jamais
été Cléopâtre, Mérope, Agrippine ? Que vous importent
ces gens-là ? La Cléopâtre, la Mérope, l'Agrippine, le
Cinna du théâtre, sont-ils même des personnages
historiques ? Non. Ce sont les fantômes imaginaires
de la poésie; je dis trop : ce sont des spectres de la
façon particulière de tel ou tel poète. Laissez ces
espèces d'hippogriffes sur la scène avec leurs mouvements, leur allure et leurs cris; ils figureraient mal
dans l'histoire : ils feraient éclater de rire dans un
cercle ou une autre assemblée de la société. On se
demanderait à l'oreille : Est-ce qu'il est en délire ?
D'où vient ce Don Quichotte-là ? Où fait-on de ces
contes-là! Quelle est la planète où l'on parle ainsi ?

LE SECOND

Mais pourquoi ne révoltent-ils pas au théâtre ?

LE PREMIER

C'est qu'ils y sont de convention. C'est une formule donnée par le vieil Eschyle; c'est un protocole de trois mille ans.

LE SECOND

Et ce protocole a-t-il encore longtemps à durer ?

LE PREMIER

Je l'ignore. Tout ce que je sais, c'est qu'on s'en écarte à mesure qu'on s'approche de son siècle et de son pays.

Connaissez-vous une situation plus semblable à celle d'Agamemnon dans la première scène d'*Iphigénie*, que la situation de Henri IV, lorsque, obsédé de terreurs qui n'étaient que trop fondées, il disait à ses familiers : « Ils me tueront, rien n'est plus certain; ils me tueront... » Supposez que cet excellent homme, ce grand et malheureux monarque, tourmenté la nuit de ce pressentiment funeste, se lève et s'en aille frapper à la porte de Sully, son ministre et son ami; croyez-vous qu'il y eût un poète assez absurde pour faire dire à Henri :

> Oui, c'est Henri, c'est ton roi qui t'éveille,
> Viens, reconnais la voix qui frappe ton oreille...

et faire répondre à Sully :

> C'est vous-même, seigneur! Quel important besoin
> Vous a fait devancer l'aurore de si loin ?
> A peine un faible jour vous éclaire et me guide.
> Vos yeux seuls et les miens sont ouverts!...

LE SECOND

C'était peut-être là le vrai langage d'Agamemnon.

LE PREMIER

Pas plus que celui de Henri IV. C'est celui d'Homère, c'est celui de Racine, c'est celui de la poésie; et ce langage pompeux ne peut être employé que par des êtres inconnus, et parlé par des bouches poétiques avec un ton poétique.

Réfléchissez un moment sur ce qu'on appelle au théâtre *être vrai*. Est-ce y montrer les choses comme elles sont en nature ? Aucunement. Le vrai en ce sens ne serait que le commun. Qu'est-ce donc que le vrai de la scène ? C'est la conformité des actions, des discours, de la figure, de la voix, du mouvement, du geste, avec un modèle idéal imaginé par le poète, et souvent exagéré par le comédien. Voilà le merveilleux. Ce modèle n'influe pas seulement sur le ton; il modifie jusqu'à la démarche, jusqu'au maintien. De là vient que le comédien dans la rue ou sur la scène sont deux personnages si différents, qu'on a peine à les reconnaître. La première fois que je vis Mlle Clairon chez elle, je m'écriai tout naturellement : « *Ah! mademoiselle, je vous croyais de toute la tête plus grande.* »

Une femme malheureuse, et vraiment malheureuse, pleure et ne vous touche point : il y a pis, c'est qu'un trait léger qui la défigure vous fait rire; c'est qu'un accent qui lui est propre dissone à votre oreille et vous blesse; c'est qu'un mouvement qui lui est habituel vous montre sa douleur ignoble et maussade; c'est que les passions outrées sont presque toutes sujettes à des grimaces que l'artiste sans goût copie servilement, mais que le grand artiste évite. Nous voulons qu'au plus fort des tourments l'homme garde le caractère d'homme, la dignité de son espèce. Quel est l'effet de cet effort héroïque ? De distraire de la douleur et de la tempérer. Nous voulons que cette femme tombe avec décence, avec mollesse, et que ce héros meure comme le gladiateur ancien, au milieu de l'arène, aux applaudissements du cirque, avec grâce, avec noblesse, dans une attitude élégante et pittoresque. Qui est-ce qui remplira notre attente ? Sera-ce l'athlète que la douleur subjugue et que la sensibilité décompose ? Ou l'athlète académisé qui se possède et pratique les leçons de la gymnastique en rendant le dernier soupir ? Le gladiateur ancien, comme un grand comédien, un grand comédien, ainsi que le gladiateur ancien, ne meurent pas comme on meurt sur un lit, mais sont tenus de nous jouer une autre mort pour nous plaire, et le spectateur délicat sentirait que la vérité nue, l'action dénuée de tout apprêt serait mesquine et contrasterait avec la poésie du reste.

Ce n'est pas que la pure nature n'ait ses moments sublimes ; mais je pense que s'il est quelqu'un sûr de saisir et de conserver leur sublimité, c'est celui qui les aura pressentis d'imagination ou de génie, et qui les rendra de sang-froid.

Cependant je ne nierais pas qu'il n'y eût une sorte de mobilité d'entrailles acquise ou factice ; mais si vous m'en demandez mon avis je la crois presque aussi dangereuse que la sensibilité naturelle. Elle doit conduire peu à peu l'acteur à la manière et à la monotonie. C'est un élément contraire à la diversité des fonctions d'un grand comédien ; il est souvent obligé de s'en dépouiller, et cette abnégation de soi n'est possible qu'à une tête de fer. Encore vaudrait-il mieux, pour la facilité et le succès des études, l'universalité du talent et la perfection du jeu, n'avoir point à faire cette incompréhensible distraction de soi d'avec soi, dont l'extrême difficulté bornant chaque comédien à un seul rôle, condamne les troupes à être très nombreuses, ou presque toutes les pièces à être mal jouées, à moins que l'on ne renverse l'ordre des choses, et que les pièces ne se fassent pour les acteurs, qui, ce me semble, devraient tout au contraire être faits pour les pièces.

LE SECOND

Mais si une foule d'hommes attroupés dans la rue par quelque catastrophe viennent à déployer subitement, et chacun à sa manière, leur sensibilité naturelle, sans s'être concertés, ils créeront un spectacle merveilleux, mille modèles précieux pour la sculpture, la peinture, la musique et la poésie.

LE PREMIER

Il est vrai. Mais ce spectacle serait-il à comparer avec celui qui résulterait d'un accord bien entendu, de cette harmonie que l'artiste y introduira lorsqu'il le transportera du carrefour sur la scène ou sur la toile ? Si vous le prétendez, quelle est donc, vous répliquerai-je,

cette magie de l'art si vantée, puisqu'elle se réduit à
gâter ce que la brute nature et un arrangement fortuit
avaient mieux fait qu'elle ? Niez-vous qu'on n'em-
bellisse la nature ? N'avez-vous jamais loué une
femme en disant qu'elle était belle comme une *Vierge*
de Raphaël ? A la vue d'un beau paysage, ne vous
êtes-vous pas écrié qu'il était romanesque ? D'ailleurs
vous me parlez d'une chose réelle, et moi je vous parle
d'une imitation ; vous me parlez d'un instant fugitif
de la nature, et moi je vous parle d'un ouvrage de
l'art, projeté, suivi, qui a ses progrès et sa durée.
Prenez chacun de ses acteurs, faites varier la scène dans
la rue comme au théâtre, et montrez-moi vos personnages successivement, isolés, deux à deux, trois à
trois ; abandonnez-les à leurs propres mouvements ;
qu'ils soient maîtres absolus de leurs actions, et vous
verrez l'étrange cacophonie qui en résultera. Pour
obvier à ce défaut, les faites-vous répéter ensemble ?
Adieu leur sensibilité naturelle, et tant mieux.

Il en est du spectacle comme d'une société bien
ordonnée, où chacun sacrifie de ses droits primitifs
pour le bien de l'ensemble et du tout. Qui est-ce qui
appréciera le mieux la mesure de ce sacrifice ? Sera-ce
l'enthousiaste ? Le fanatique ? Non, certes. Dans la
société, ce sera l'homme juste ; au théâtre, le comédien
qui aura la tête froide. Votre scène des rues est à la
scène dramatique comme une horde de sauvages à une
assemblée d'hommes civilisés.

C'est ici le lieu de vous parler de l'influence perfide
d'un médiocre partenaire sur un excellent comédien.
Celui-ci a conçu grandement, mais il sera forcé de
renoncer à son modèle idéal pour se mettre au niveau
du pauvre diable avec qui il est en scène. Il se passe
alors d'étude et de bon jugement : ce qui se fait d'instinct à la promenade ou au coin du feu, celui qui parle
[bas] abaisse le ton de son interlocuteur. Ou si vous
aimez mieux une autre comparaison, c'est comme au
whist, où vous perdez une portion de votre habileté,
si vous ne pouvez pas compter sur votre joueur. Il y a
plus : la Clairon vous dira, quand vous voudrez, que
Le Kain, par méchanceté, la rendait mauvaise ou

médiocre, à discrétion; et que, de représailles, elle
l'exposait quelquefois aux sifflets. Qu'est-ce donc que
deux comédiens qui se soutiennent mutuellement ?
Deux personnages dont les modèles ont, proportion
gardée, ou l'égalité, ou la subordination qui convient aux
circonstances où le poète les a placés, sans quoi l'un
sera trop fort ou trop faible; et pour sauver cette dissonance, le fort élèvera rarement le faible à sa hauteur;
mais, de réflexion, il descendra à sa petitesse. Et
savez-vous l'objet de ces répétitions si multipliées ?
C'est d'établir une balance entre les talents divers des
acteurs, de manière qu'il en résulte une action générale
qui soit une; et lorsque l'orgueil de l'un d'entre eux se
refuse à cette balance, c'est toujours aux dépens de la
perfection du tout, au détriment de votre plaisir; car
il est rare que l'excellence d'un seul vous dédommage de
la médiocrité des autres qu'elle fait ressortir. J'ai vu
quelquefois la personnalité d'un grand acteur punie;
c'est lorsque le public prononçait sottement qu'il
était outré, au lieu de sentir que son partenaire était
faible.

A présent vous êtes poète : vous avez une pièce à
faire jouer, et je vous laisse le choix ou d'acteurs à
profond jugement et à tête froide, ou d'acteurs sensibles.
Mais avant de vous décider, permettez que je vous
fasse une question. A quel âge est-on grand comédien ?
Est-ce à l'âge où l'on est plein de feu, où le sang
bouillonne dans les veines, où le choc le plus léger
porte le trouble au fond des entrailles, où l'esprit
s'enflamme à la moindre étincelle ? Il me semble que
non. Celui que la nature a signé comédien, n'excelle
dans son art que quand la longue expérience est acquise,
lorsque la fougue des passions est tombée, lorsque la
tête est calme, et que l'âme se possède. Le vin de la
meilleure qualité est âpre et bourru lorsqu'il fermente;
c'est par un long séjour dans la tonne qu'il devient
généreux. Cicéron, Sénèque et Plutarque me repré-
sentent les trois âges de l'homme qui compose :
Cicéron n'est souvent qu'un feu de paille qui réjouit
mes yeux; Sénèque un feu de sarment qui les blesse;
au lieu que si je remue les cendres du vieux Plutarque,

j'y découvre les gros charbons d'un brasier qui m'échauffent doucement.

Baron jouait, à soixante ans passés, le comte d'Essex, Xipharès, Britannicus, et les jouait bien. La Gaussin enchantait, dans l'*Oracle* et *la Pupille*, à cinquante ans.

LE SECOND

Elle n'avait guère le visage de son rôle.

LE PREMIER

Il est vrai; et c'est là peut-être un des obstacles insurmontables à l'excellence d'un spectacle. Il faut s'être promené de longues années sur les planches, et le rôle exige quelquefois la première jeunesse. S'il s'est trouvé une actrice de dix-sept ans, capable du rôle de Monime, de Didon, de Pulchérie, d'Hermione, c'est un prodige qu'on ne reverra plus. Cependant un vieux comédien n'est ridicule que quand les forces l'ont tout à fait abandonné, ou que la supériorité de son jeu ne sauve pas le contraste de sa vieillesse et de son rôle. Il en est au théâtre comme dans la société, où l'on ne reproche la galanterie à une femme que quand elle n'a ni assez de talents, ni assez d'autres vertus pour couvrir un vice.

De nos jours, la Clairon et Molé ont, en débutant, joué à peu près comme des automates, ensuite ils se sont montrés de vrais comédiens. Comment cela s'est-il fait? Est-ce que l'âme, la sensibilité, les entrailles leur sont venues à mesure qu'ils avançaient en âge?

Il n'y a qu'un moment, après dix ans d'absence du théâtre, la Clairon voulut y reparaître; si elle joua médiocrement, est-ce qu'elle avait perdu son âme, sa sensibilité, ses entrailles? Aucunement; mais bien la mémoire de ses rôles. J'en appelle à l'avenir.

LE SECOND

Quoi, vous croyez qu'elle nous reviendra?

LE PREMIER

Ou qu'elle périra d'ennui; car que voulez-vous

qu'on mette à la place de l'applaudissement public et d'une grande passion ? Si cet acteur, si cette actrice étaient profondément pénétrés, comme on le suppose, dites-moi si l'un penserait à jeter un coup d'œil sur les loges, l'autre à diriger un sourire vers la coulisse, presque tous à parler au parterre, et si l'on irait aux foyers interrompre les ris immodérés d'un troisième, et l'avertir qu'il est temps de venir se poignarder ?

Mais il me prend envie de vous ébaucher une scène entre un comédien et sa femme qui se détestaient; scène d'amants tendres et passionnés; scène jouée publiquement sur les planches, telle que je vais vous la rendre et peut-être un peu mieux; scène où deux acteurs ne parurent jamais plus fortement à leurs rôles; scène où ils enlevèrent les applaudissements continus du parterre et des loges; scène que nos battements de mains et nos cris d'admiration interrompirent dix fois. C'est la troisième du quatrième acte du *Dépit amoureux* de Molière, leur triomphe.

> *Le comédien* ERASTE, *amant de Lucile*,
> LUCILE, *maîtresse d'Eraste et femme du comédien*.

LE COMÉDIEN

Non, non, ne croyez pas, madame,
Que je revienne encor vous parler de ma flamme.

La comédienne. Je vous le conseille.

C'en est fait ;

— Je l'espère.

Je me veux guérir, et connais bien
Ce que de votre cœur a possédé le mien.

— Plus que vous n'en méritiez.

Un courroux si constant pour l'ombre d'une offense

— Vous m'offenser! je ne vous fais pas cet honneur.

M'a trop bien éclairci de votre indifférence;
Et je dois vous montrer que les traits du mépris

— Le plus profond.

Sont sensibles surtout aux généreux esprits.

— Oui, aux généreux.

> Je l'avouerai, mes yeux observaient dans les vôtres
> Des charmes qu'ils n'ont point trouvés dans tous les autres.

— Ce n'est pas faute d'en avoir vu.

> Et le ravissement où j'étais de mes fers
> Les aurait préférés à des sceptres offerts.

— Vous en avez fait meilleur marché.

> Je vivais tout en vous;

— Cela est faux, et vous en avez menti.

> Et, je l'avouerai même,
> Peut-être qu'après tout j'aurai, quoique outragé,
> Assez de peine encor à m'en voir dégagé.

— Cela serait fâcheux.

> Possible que, malgré la cure qu'elle essaie,
> Mon âme saignera longtemps de cette plaie,

— Ne craignez rien; la gangrène y est.

> Et qu'affranchi d'un joug qui faisait tout mon bien,
> Il faudra me résoudre à n'aimer jamais rien.

— Vous trouverez du retour.

> Mais enfin il n'importe; et puisque votre haine
> Chasse un cœur tant de fois que l'amour vous ramène,
> C'est la dernière ici des importunités
> Que vous aurez jamais de mes vœux rebutés.

LA COMÉDIENNE

> Vous pouvez faire aux miens la grâce tout entière,
> Monsieur, et m'épargner encor cette dernière.

Le comédien. Mon cœur, vous êtes une insolente, et vous vous en repentirez.

LE COMÉDIEN

> Eh bien, madame, eh bien! ils seront satisfaits.
> Je romps avecque vous, et j'y romps pour jamais.
> Puisque vous le voulez, que je perde la vie,
> Lorsque de vous parler je reprendrai l'envie.

LA COMÉDIENNE

> Tant mieux, c'est m'obliger.

LE COMÉDIEN

> Non, non, n'ayez pas peur

La comédienne. Je ne vous crains pas.

Que je fausse parole ; eussé-je un faible cœur,
Jusques à n'en pouvoir effacer votre image,
Croyez que vous n'aurez jamais cet avantage

— C'est le malheur que vous voulez dire.

De me voir revenir.

LA COMÉDIENNE
Ce serait bien en vain.

Le comédien. Ma mie, vous êtes une fieffée gueuse, à
qui j'apprendrai à parler.

LE COMÉDIEN
Moi-même de cent coups je percerais mon sein,

La comédienne. Plût à Dieu !

Si j'avais jamais fait cette bassesse insigne,

— Pourquoi pas celle-là, après tant d'autres ?

De vous revoir, après ce traitement indigne.

LA COMÉDIENNE
Soit ; n'en parlons donc plus.

Et ainsi du reste. Après cette double scène, l'une
d'amants, l'autre d'époux, lorsque Eraste reconduisait
sa maîtresse Lucile dans la coulisse, il lui serrait le
bras d'une violence à arracher la chair à sa chère
femme, et répondait à ses cris par les propos les plus
insultants et les plus amers.

LE SECOND
Si j'avais entendu ces deux scènes simultanées, je
crois que de ma vie je n'aurais remis le pied au spectacle.

LE PREMIER
Si vous prétendez que cet auteur et cette actrice ont
senti, je vous demanderai si c'est dans la scène des
amants, ou dans la scène des époux, ou dans l'une et
l'autre ? Mais écoutez la scène suivante entre la même
comédienne et un autre acteur, son amant.

Tandis que l'amant parle, la comédienne dit de son

mari : « C'est un indigne, il m'a appelée... ; je n'oserais vous le répéter. »

Tandis qu'elle répond, son amant lui répond : « Est-ce que vous n'y êtes pas faite ?... » Et ainsi de couplet en couplet.

« Ne soupons-nous pas ce soir ? — Je le voudrais bien ; mais comment s'échapper ? — C'est votre affaire. — S'il vient à le savoir ? — Il n'en sera ni plus ni moins, et nous aurons par-devers nous une soirée douce. — Qui aurons-nous ? — Qui vous voudrez. — Mais d'abord le chevalier, qui est de fondation. — A propos du chevalier, savez-vous qu'il ne tiendrait qu'à moi d'en être jaloux ? — Et qu'à moi que vous eussiez raison ? »

C'est ainsi que ces êtres si sensibles vous paraissaient tout entiers à la scène haute que vous entendiez, tandis qu'ils n'étaient vraiment qu'à la scène basse que vous n'entendiez pas ; et vous vous écriiez : « Il faut avouer que cette femme est une actrice charmante ; que personne ne sait écouter comme elle, et qu'elle joue avec une intelligence, une grâce, un intérêt, une finesse, une sensibilité peu commune... » Et moi, je riais de vos exclamations.

Cependant cette actrice trompe son mari avec un autre acteur, cet acteur avec le chevalier, et le chevalier avec un troisième, que le chevalier surprend entre ses bras. Celui-ci a médité une grande vengeance. Il se placera aux balcons, sur les gradins les plus bas. (Alors le comte de Lauraguais n'en avait pas encore débarrassé notre scène.) Là, il s'est promis de déconcerter l'infidèle par sa présence et par ses regards méprisants, de la troubler et de l'exposer aux huées du parterre. La pièce commence ; sa traîtresse paraît ; elle aperçoit le chevalier ; et, sans s'ébranler dans son jeu, elle lui dit en souriant : « Fi ! le vilain bouddeur qui se fâche pour rien. » Le chevalier sourit à son tour. Elle continue : « Vous venez ce soir ? » Il se tait. Elle ajoute : « Finissons cette plate querelle, et faites avancer votre carrosse... » Et savez-vous dans quelle scène on intercalait celle-ci ? Dans une des plus touchantes de La Chaussée, où cette comédienne sanglotait et nous faisait pleurer à chaudes larmes. Cela vous confond; et c'est pourtant l'exacte vérité.

LE SECOND

C'est à me dégoûter du théâtre.

LE PREMIER

Et pourquoi ? Si ces gens-là n'étaient pas capables de ces tours de force, c'est alors qu'il n'y faudrait pas aller. Ce que je vais vous raconter, je l'ai vu.

Garrick passe sa tête entre les deux battants d'une porte, et, dans l'intervalle de quatre à cinq secondes, son visage passe successivement de la joie folle à la joie modérée, de cette joie à la tranquillité, de la tranquillité à la surprise, de la surprise à l'étonnement, de l'étonnement à la tristesse, de la tristesse à l'abattement, de l'abattement à l'effroi, de l'effroi à l'horreur, de l'horreur au désespoir, et remonte de ce dernier degré à celui d'où il était descendu. Est-ce que son âme a pu éprouver toutes ces sensations et exécuter, de concert avec son visage, cette espèce de gamme ? Je n'en crois rien, ni vous non plus. Si vous demandiez à cet homme célèbre, qui lui seul méritait autant qu'on fît le voyage d'Angleterre que tous les restes de Rome méritent qu'on fasse le voyage d'Italie; si vous lui demandiez, dis-je, la scène du Petit Garçon pâtissier, il vous la jouait; si vous lui demandiez tout de suite la scène d'Hamlet, il vous la jouait, également prêt à pleurer la chute de ses petits pâtés et à suivre dans l'air le chemin d'un poignard. Est-ce qu'on rit, est-ce qu'on pleure à discrétion ? On en fait la grimace plus ou moins fidèle, plus ou moins trompeuse, selon qu'on est ou qu'on n'est pas Garrick.

Je persifle quelquefois, et même avec assez de vérité, pour en imposer aux hommes du monde les plus déliés. Lorsque je me désole de la mort simulée de ma sœur dans la scène avec l'avocat bas-normand; lorsque, dans la scène avec le premier commis de la marine, je m'accuse d'avoir fait un enfant à la femme d'un capitaine de vaisseau, j'ai tout à fait l'air d'éprouver de la douleur et de la honte; mais suis-je affligé ? suis-je

honteux ? Pas plus dans ma petite comédie que dans la
société, où j'avais fait ces deux rôles avant de les
introduire dans un ouvrage de théâtre. Qu'est-ce donc
qu'un grand comédien ? Un grand persifleur tragique
ou comique, à qui le poète a dicté son discours.

Sedaine donne *le Philosophe sans le savoir*. Je m'in-
téressais plus vivement que lui au succès de la pièce;
la jalousie de talents est un vice qui m'est étranger, j'en
ai assez d'autres sans celui-là : j'atteste tous mes
confrères en littérature, lorsqu'ils ont daigné quelquefois me consulter sur leurs ouvrages, si je n'ai pas
fait tout ce qui dépendait de moi pour répondre digne-
ment à cette marque distinguée de leur estime ? *Le
Philosophe sans le savoir* chancelle à la première, à la
seconde représentation, et j'en suis affligé; à la troisième il va aux nues, et j'en suis transporté de joie. Le
lendemain matin je me jette dans un fiacre, je cours
après Sedaine; c'était en hiver, il faisait le froid le plus
rigoureux; je vais partout où j'espère le trouver.
J'apprends qu'il est au fond du faubourg Saint-Antoine,
je m'y fais conduire. Je l'aborde; je jette mes bras
autour de son cou; la voix me manque, et les larmes me
coulent le long des joues. Voilà l'homme sensible et
médiocre. Sedaine, immobile et froid, me regarde et
me dit : « *Ah! Monsieur Diderot, que vous êtes beau!* »
Voilà l'observateur et l'homme de génie.

Ce fait, je le racontais un jour à table, chez un homme
que ses talents supérieurs destinaient à occuper la
place la plus importante de l'Etat, chez M. Necker; il
y avait un assez grand nombre de gens de lettres,
entre lesquels Marmontel, que j'aime et à qui je suis
cher. Celui-ci me dit ironiquement : « Vous verrez que
lorsque Voltaire se désole au simple récit d'un trait
pathétique et que Sedaine garde son sang-froid à la
vue d'un ami qui fond en larmes, c'est Voltaire qui
est l'homme ordinaire et Sedaine l'homme de génie! »
Cette apostrophe me déconcerte et me réduit au silence,
parce que l'homme sensible, comme moi, tout entier
à ce qu'on lui objecte, perd la tête et ne se retrouve
qu'au bas de l'escalier. Un autre, froid et maître de
lui-même, aurait répondu à Marmontel : « Votre

réflexion serait mieux dans une autre bouche que la vôtre, parce que vous ne sentez pas plus que Sedaine et que vous faites aussi de fort belles choses, et que, courant la même carrière que lui, vous pouviez laisser à votre voisin le soin d'apprécier impartialement son mérite. Mais sans vouloir préférer Sedaine à Voltaire, ni Voltaire à Sedaine, pourriez-vous me dire ce qui serait sorti de la tête de l'auteur du *Philosophe sans le savoir*, du *Déserteur* et de *Paris sauvé*, si, au lieu de passer trente-cinq ans de sa vie à gâcher le plâtre et à couper la pierre, il eût employé tout ce temps, comme Voltaire, vous et moi, à lire et à méditer Homère, Virgile, le Tasse, Cicéron, Démosthène et Tacite ? Nous ne saurons jamais voir comme lui, et il aurait appris à dire comme nous. Je le regarde comme un des arrière-neveux de Shakespeare; ce Shakespeare, que je ne comparerai ni à l'Apollon du Belvédère, ni au Gladiateur, ni à l'Antinoüs, ni à l'Hercule de Glycon, mais bien au saint Christophe de Notre-Dame, colosse informe, grossièrement sculpté, mais entre les jambes duquel nous passerions tous sans que notre front touchât à ses parties honteuses. »

Mais un autre trait où je vous montrerai un personnage dans un moment rendu plat et sot par sa sensibilité, et dans le moment suivant sublime par le sang-froid qui succéda à la sensibilité étouffée, le voici :

Un littérateur, dont je tairai le nom, était tombé dans l'extrême indigence. Il avait un frère, théologal et riche. Je demandai à l'indigent pourquoi son frère ne le secourait pas. C'est, me répondit-il, que j'ai de grands torts avec lui. J'obtins de celui-ci la permission d'aller voir M. le théologal. J'y vais. On m'annonce; j'entre. Je dis au théologal que je vais lui parler de son frère. Il me prend brusquement par la main, me fait asseoir et m'observe qu'il est d'un homme sensé de connaître celui dont il se charge de plaider la cause; puis, m'apostrophant avec force : « Connaissez-vous mon frère ? — Je le crois. — Etes-vous instruit de ses procédés à mon égard ? — Je le crois. — Vous le croyez? Vous savez donc ?... » Et voilà mon théologal qui me débite, avec une rapidité et une véhémence sur-

prenante, une suite d'actions plus atroces, plus révol-
tantes les unes que les autres. Ma tête s'embarrasse,
je me sens accablé; je perds le courage de défendre un
aussi abominable monstre que celui qu'on me dépei-
gnait. Heureusement mon théologal, un peu prolixe
dans sa philippique, me laissa le temps de me remettre;
peu à peu l'homme sensible se retira et fit place à
l'homme éloquent, car j'oserai dire que je le fus dans
cette occasion. « Monsieur, dis-je froidement au
théologal, votre frère a fait pis, et je vous loue de me
celer le plus criant de ses forfaits. ~~ Je ne cèle rien.
— Vous auriez pu ajouter à tout ce que vous m'avez
dit, qu'une nuit, comme vous sortiez de chez vous
pour aller à matines, il vous avait saisi à la gorge, et
que tirant un couteau qu'il tenait caché sous son
habit, il avait été sur le point de vous l'enfoncer dans
le sein. — Il en est bien capable; mais si je ne l'en ai
pas accusé, c'est que cela n'est pas vrai... » Et moi, me
levant subitement, et attachant sur mon théologal un
regard ferme et sévère. je m'écriai d'une voix ton-
nante, avec toute la véhémence et l'emphase de l'indignation : « Et quand cela serait vrai, est-ce qu'il ne
faudrait pas encore donner du pain à votre frère ? »
Le théologal, écrasé, terrassé, confondu, reste muet, se
promène, revient à moi et m'accorde une pension
annuelle pour son frère.
    Est-ce au moment où vous venez de perdre votre
ami ou votre maîtresse que vous composerez un poème
sur sa mort ? Non. Malheur à celui qui jouit alors de
son talent! C'est lorsque la grande douleur est passée,
quand l'extrême sensibilité est amortie, lorsqu'on
est loin de la catastrophe, que l'âme est calme, qu'on
se rappelle son bonheur éclipsé, qu'on est capable
d'apprécier la perte qu'on a faite, que la mémoire se
réunit à l'imagination, l'une pour retracer, l'autre
pour exagérer la douceur d'un temps passé; qu'on
se possède et qu'on parle bien. On dit qu'on pleure,
mais on ne pleure pas lorsqu'on poursuit une épithète
énergique qui se refuse; on dit qu'on pleure, mais on
ne pleure pas lorsqu'on s'occupe à rendre son vers
harmonieux : ou si les larmes coulent, la plume tombe

des mains, on se livre à son sentiment et l'on cesse de composer.

Mais il en est des plaisirs violents ainsi que des peines profondes; ils sont muets. Un ami tendre et sensible revoit un ami qu'il avait perdu par une longue absence; celui-ci reparaît dans un moment inattendu, et aussitôt le cœur du premier se trouble : il court, il embrasse, il veut parler; il ne saurait : il bégaye des mots entrecoupés, il ne sait ce qu'il dit, il n'entend rien de ce qu'on lui répond; s'il pouvait s'apercevoir que son délire n'est pas partagé, combien il souffrirait! Jugez par la vérité de cette peinture, de la fausseté de ces entrevues théâtrales où deux amis ont tant d'esprit et se possèdent si bien. Que ne vous dirais-je pas de ces insipides et éloquentes disputes à qui mourra ou plutôt à qui ne mourra pas, si ce texte, sur lequel je ne finirais point, ne nous éloignait de notre sujet? C'en est assez pour les gens d'un goût grand et vrai; ce que j'ajouterais n'apprendrait rien aux autres. Mais qui est-ce qui sauvera ces absurdités si communes au théâtre? Le comédien, et quel comédien?

Il est mille circonstances pour une où la sensibilité est aussi nuisible dans la société que sur la scène. Voilà deux amants, ils ont l'un et l'autre une déclaration à faire. Quel est celui qui s'en tirera le mieux? Ce n'est pas moi. Je m'en souviens, je n'approchais de l'objet aimé qu'en tremblant; le cœur me battait, mes idées se brouillaient; ma voix s'embarrassait, j'estropiais tout ce que je disais; je répondais *non* quand il fallait répondre *oui;* je commettais mille gaucheries, des maladresses sans fin; j'étais ridicule de la tête aux pieds, je m'en apercevais, je n'en devenais que plus ridicule. Tandis que, sous mes yeux, un rival gai, plaisant et léger, se possédant, jouissant de lui-même, n'échappant aucune occasion de louer, et de louer finement, amusait, plaisait, était heureux; il sollicitait une main qu'on lui abandonnait, il s'en saisissait quelquefois sans l'avoir sollicitée, il la baisait, il la baisait encore, et moi, retiré dans un coin, détournant mes regards d'un spectacle qui m'irritait, étouffant mes soupirs, faisant craquer mes doigts à force de serrer les poings, accablé de mélancolie, couvert d'une sueur froide, je ne pouvais ni montrer ni celer mon chagrin. On a dit que l'amour, qui ôtait l'esprit à ceux qui en avaient, en donnait à ceux qui n'en avaient pas; c'est-à-dire, en autre français, qu'il rendait les uns sensibles et sots, et les autres froids et entreprenants.

L'homme sensible obéit aux impulsions de la nature et ne rend précisément que le cri de son cœur; au moment où il tempère ou force ce cri, ce n'est plus lui, c'est un comédien qui joue.

Le grand comédien observe les phénomènes; l'homme sensible lui sert de modèle, il le médite, et trouve, de réflexion, ce qu'il faut ajouter ou retrancher pour le mieux. Et puis, des faits encore après des raisons.

A la première représentation d'*Inès de Castro*, à l'endroit où les enfants paraissent, le parterre se mit à rire; la Duclos, qui faisait Inès, indignée, dit au parterre : « Ris donc, sot parterre, au plus bel endroit de la pièce. » Le parterre l'entendit, se contint; l'actrice reprit son rôle, et ses larmes et celles du spectateur coulèrent. Quoi donc! est-ce qu'on passe et repasse ainsi d'un sentiment profond à un sentiment profond, de la douleur à l'indignation, de l'indignation à la douleur? Je ne le conçois pas; mais ce que je conçois très bien, c'est que l'indignation de la Duclos était réelle et sa douleur simulée.

Quinault-Dufresne joue le rôle de Sévère dans *Polyeucte*. Il était envoyé par l'empereur Décius pour persécuter les chrétiens. Il confie ses sentiments secrets à son ami sur cette secte calomniée. Le sens commun exigeait que cette confidence, qui pouvait lui coûter la faveur du prince, sa dignité, sa fortune, la liberté et peut-être la vie, se fît à voix basse. Le parterre lui crie : « Plus haut. » Il réplique au parterre : « Et vous, messieurs, plus bas. » Est-ce que s'il eût été vraiment Sévère, il fût redevenu si prestement Quinault? Non, vous dis-je, non. Il n'y a que l'homme qui se possède comme sans doute il se possédait, l'acteur rare, le comédien par excellence, qui puisse ainsi déposer et reprendre son masque.

Le Kain-Ninias descend dans le tombeau de son

père, il y égorge sa mère ; il en sort les mains sanglantes.
Il est rempli d'horreur, ses membres tressaillent, ses
yeux sont égarés, ses cheveux semblent se hérisser sur
sa tête. Vous sentez frissonner les vôtres, la terreur vous
saisit, vous êtes aussi éperdu que lui. Cependant Le
Kain-Ninias pousse du pied vers la coulisse une pendeloque de diamants qui s'était détachée de l'oreille
d'une actrice. Et cet acteur-là sent ? Cela ne se peut.
Direz-vous qu'il est mauvais acteur ? Je n'en crois rien.
Qu'est-ce donc que Le Kain-Ninias ? C'est un homme
froid qui ne sent rien, mais qui figure supérieurement
la sensibilité. Il a beau s'écrier : « Où suis-je ? » Je lui
réponds : « Où tu es ? Tu le sais bien : tu es sur les
planches, et tu pousses du pied une pendeloque vers
la coulisse. »

Un acteur est pris de passion pour une actrice ; une
pièce les met par hasard en scène dans un moment de
jalousie. La scène y gagnera, si l'acteur est médiocre ;
elle y perdra, s'il est comédien ; alors le grand comédien
devient lui et n'est plus le modèle idéal et sublime qu'il
s'est fait d'un jaloux. Une preuve qu'alors l'acteur et
l'actrice se rabaissent l'un et l'autre à la vie commune,
c'est que s'ils gardaient leurs échasses ils se riraient
au nez ; la jalousie ampoulée et tragique ne leur sem-
blerait souvent qu'une parade de la leur.

LE SECOND

Cependant il y aura des vérités de nature.

LE PREMIER

Comme il y en a dans la statue du sculpteur qui a
rendu fidèlement un mauvais modèle. On admire ces
vérités, mais on trouve le tout pauvre et méprisable.

Je dis plus : un moyen sûr de jouer petitement, mes-
quinement, c'est d'avoir à jouer son propre caractère.
Vous êtes un tartuffe, un avare, un misanthrope, vous
le jouerez bien ; mais vous ne ferez rien de ce que le
poète a fait ; car il a fait, lui, le Tartuffe, l'Avare et le
Misanthrope.

LE SECOND

Quelle différence mettez-vous donc entre un tartuffe et le Tartuffe ?

LE PREMIER

Le commis Billard est un tartuffe, l'abbé Grizel est un tartuffe, mais il n'est pas le Tartuffe. Le financier Toinard était un avare, mais il n'était pas l'Avare. L'Avare et le Tartuffe ont été faits d'après tous les Toinards et tous les Grizels du monde ; ce sont leurs traits les plus généraux et les plus marqués, et ce n'est le portrait exact d'aucun ; aussi personne ne s'y reconnaît-il.

Les comédies de verve et même de caractères sont exagérées. La plaisanterie de société est une mousse légère qui s'évapore sur la scène ; la plaisanterie de théâtre est une arme tranchante qui blesserait dans la société. On n'a pas pour des êtres imaginaires le ménagement qu'on doit à des êtres réels.

La satire est d'un tartuffe, et la comédie est du Tartuffe. La satire poursuit un vicieux, la comédie poursuit un vice. S'il n'y avait eu qu'une ou deux Précieuses ridicules, on en aurait pu faire une satire, mais non pas une comédie.

Allez-vous-en chez La Grenée, demandez-lui la *Peinture*, et il croira avoir satisfait à votre demande, lorsqu'il aura placé sur sa toile une femme devant un chevalet, la palette passée dans le pouce et le pinceau à la main. Demandez-lui la *Philosophie*, et il croira l'avoir faite, lorsque, devant un bureau, la nuit, à la lueur d'une lampe, il aura appuyé sur le coude une femme en négligé, échevelée et pensive, qui lit ou qui médite. Demandez-lui la *Poésie*, et il peindra la même femme dont il ceindra la tête d'un laurier, et à la main de laquelle il placera un rouleau. La *Musique*, ce sera encore la même femme avec une lyre au lieu de rouleau. Demandez-lui la *Beauté*, demandez même cette figure à un plus habile que lui, ou je me trompe fort, ou ce dernier se persuadera que vous n'exigez de son art que la figure d'une belle femme. Votre acteur et ce peintre tombent tous deux dans un même défaut, et

je leur dirai : « Votre tableau, votre jeu, ne sont que des
portraits d'individus fort au-dessous de l'idée générale
que le poète a tracée, et du modèle idéal dont je me
promettais la copie. Votre voisine est belle, très belle;
d'accord : mais ce n'est pas la Beauté. Il y a aussi loin
de votre ouvrage à votre modèle que de votre modèle à
l'idéal. »

LE SECOND

Mais ce modèle idéal ne serait-il pas une chimère ?

LE PREMIER

Non.

LE SECOND

Mais puisqu'il est idéal, il n'existe pas : or, il n'y a
rien dans l'entendement qui n'ait été dans la sensation.

LE PREMIER

Il est vrai. Mais prenons un art à son origine, la
sculpture, par exemple. Elle copia le premier modèle
qui se présenta. Elle vit ensuite qu'il y avait des modèles
moins imparfaits qu'elle préféra. Elle corrigea les
défauts grossiers de ceux-ci, puis les défauts moins
grossiers, jusqu'à ce que, par une longue suite de
travaux, elle atteignît une figure qui n'était plus dans la
nature.

LE SECOND

Et pourquoi ?

LE PREMIER

C'est qu'il est impossible que le développement d'une
machine aussi compliquée qu'un corps animal soit
régulier. Allez aux Tuileries ou aux Champs-Elysées
un beau jour de fête; considérez toutes les femmes
qui rempliront les allées, et vous n'en trouverez pas
une seule qui ait les deux coins de la bouche parfaitement semblables. La Danaé du Titien est un portrait;
l'Amour, placé au pied de sa couche, est idéal. Dans
un tableau de Raphaël, qui a passé de la galerie de

M. de Thiers dans celle Catherine II, le saint Joseph est une nature commune ; la Vierge est une belle femme réelle ; l'enfant Jésus est idéal. Mais si vous en voulez savoir davantage sur ces principes spéculatifs de l'art, je vous communiquerai mes Salons.

LE SECOND

J'en ai entendu parler avec éloge par un homme d'un goût fin et d'un esprit délicat.

LE PREMIER

M. Suard.

LE SECOND

Et par une femme qui possède tout ce que la pureté d'une âme angélique ajoute à la finesse du goût.

LE PREMIER

Madame Necker.

LE SECOND

Mais rentrons dans notre sujet.

LE PREMIER

J'y consens, quoique j'aime mieux louer la vertu que de discuter des questions assez oiseuses.

LE SECOND

Quinault-Dufresne, glorieux de caractère, jouait merveilleusement le Glorieux.

LE PREMIER

Il est vrai ; mais d'où savez-vous qu'il se jouât lui-même ? ou pourquoi la nature n'en aurait-elle pas fait un glorieux très rapproché de la limite qui sépare le beau réel du beau idéal, limite sur laquelle se jouent les différentes écoles ?

LE SECOND

Je ne vous entends pas.

LE PREMIER

Je suis plus clair dans mes Salons, où je vous conseille de lire le morceau sur la Beauté en général. En attendant, dites-moi, Quinault-Dufresne est-il Orosmane ? Non. Cependant, qui est-ce qui l'a remplacé et le remplacera dans ce rôle ? Etait-il l'homme du *Préjugé à la mode ?* Non. Cependant avec quelle vérité ne le jouait-il pas ?

LE SECOND

A vous entendre, le grand comédien est tout et n'est rien.

LE PREMIER

Et peut-être est-ce parce qu'il n'est rien qu'il est tout par excellence, sa forme particulière ne contrariant jamais les formes étrangères qu'il doit prendre.

Entre tous ceux qui ont exercé l'utile et belle profession de comédiens ou de prédicateurs laïques, un des hommes les plus honnêtes, un des hommes qui en avaient le plus la physionomie, le ton et le maintien, le frère du *Diable boiteux*, de *Gilblas*, du *Bachelier de Salamanque*, Montménil...

LE SECOND

Le fils de Le Sage, père commun de toute cette plaisante famille...

LE PREMIER

Faisait avec un égal succès Ariste dans *la Pupille*, Tartuffe dans la comédie de ce nom, Mascarille dans *les Fourberies de Scapin*, l'avocat ou M. Guillaume dans la farce de *Patelin*.

LE SECOND

Je l'ai vu.

LE PREMIER

Et à votre grand étonnement, il avait le masque de ces différents visages. Ce n'était pas naturellement, car

Nature ne lui avait donné que le sien ; il tenait donc les autres de l'art.

Est-ce qu'il y a une sensibilité artificielle ? Mais soit factice, soit innée, la sensibilité n'a pas lieu dans tous les rôles. Quelle est donc la qualité acquise ou naturelle qui constitue le grand acteur dans l'Avare, le Joueur, le Flatteur, le Grondeur, le Médecin malgré lui, l'être le moins sensible et le plus immoral que la poésie ait encore imaginé, le Bourgeois Gentilhomme, le Malade et le Cocu imaginaires ; dans Néron, Mithridate, Atrée, Phocas, Sertorius, et tant d'autres caractères tragiques ou comiques, où la sensibilité est diamétralement opposée à l'esprit du rôle ? La facilité de connaître et de copier toutes les natures. Croyez-moi, ne multiplions pas les causes lorsqu'une suffit à tous les phénomènes.

Tantôt le poète a senti plus fortement que le comédien, tantôt, et plus souvent peut-être, le comédien a conçu plus fortement que le poète ; et rien n'est plus dans la vérité que cette exclamation de Voltaire, entendant la Clairon dans une de ses pièces : *Est-ce bien moi qui ai fait cela* ? Est-ce que la Clairon en sait plus que Voltaire ? Dans ce moment du moins son modèle idéal, en déclamant, était bien au-delà du modèle idéal que le poète s'était fait en écrivant, mais ce modèle idéal n'était pas elle. Quel était donc son talent ? Celui d'imaginer un grand fantôme et de le copier de génie. Elle imitait le mouvement, les actions, les gestes, toute l'expression d'un être fort au-dessus d'elle. Elle avait trouvé ce qu'Eschine récitant une oraison de Démosthène ne put jamais rendre, le mugissement de la bête. Il disait à ses disciples : « Si cela vous affecte si fort, qu'aurait-ce donc été, *si audivissetis bestiam mugientem ?* » Le poète avait engendré l'animal terrible, la Clairon le faisait mugir.

Ce serait un singulier abus des mots que d'appeler sensibilité cette facilité de rendre toutes natures, même les natures féroces. La sensibilité, selon la seule acception qu'on ait donnée jusqu'à présent à ce terme, est, ce me semble, cette disposition compagne de la faiblesse des organes, suite de la mobilité du diaphragme,

de la vivacité de l'imagination, de la délicatesse des
nerfs, qui incline à compatir, à frissonner, à admirer, à
craindre, à se troubler, à pleurer, à s'évanouir, à
secourir, à fuir, à crier, à perdre la raison, à exagérer, à
mépriser, à dédaigner. à n'avoir aucune idée précise
du vrai, du bon et du beau, à être injuste, à être fou.
Multipliez les âmes sensibles, et vous multiplierez en
même proportion les bonnes et les mauvaises actions
en tout genre, les éloges et les blâmes outrés.

Poètes, travaillez-vous pour une nation délicate,
vaporeuse et sensible; renfermez-vous dans les har-
monieuses, tendres et touchantes élégies de Racine; elle
se sauverait des boucheries de Shakespeare : ces âmes
faibles sont incapables de supporter des secousses
violentes. Gardez-vous bien de leur présenter des
images trop fortes. Montrez-leur, si vous voulez,

Le fils tout dégouttant du meurtre de son père,
Et sa tête à la main demandant son salaire;

mais n'allez pas au-delà. Si vous osiez leur dire avec
Homère : « Où vas-tu, malheureux ? Tu ne sais donc
pas que c'est à moi que le ciel envoie les enfants des
pères infortunés; tu ne recevras point les derniers
embrassements de ta mère; déjà je te vois étendu sur
la terre, déjà je vois les oiseaux de proie, rassemblés
autour de ton cadavre, t'arracher les yeux de la tête en
battant les ailes de joie; » toutes nos femmes s'écrie-
raient en détournant la tête : « Ah! l'horreur!... » Ce
serait bien pis si ce discours, prononcé par un grand
comédien, était encore fortifié de sa véritable déclamation.

LE SECOND

Je suis tenté de vous interrompre pour vous
demander ce que vous pensez de ce vase présenté à
Gabrielle de Vergy, qui y voit le cœur sanglant de son
amant.

LE PREMIER

Je vous répondrai qu'il faut être conséquent, et que,
quand on se révolte contre ce spectacle, il ne faut pas

souffrir qu'Œdipe se montre avec ses yeux crevés, et
qu'il faut chasser de la scène Philoctète tourmenté de
sa blessure, et exhalant sa douleur par des cris inarticulés. Les anciens avaient, ce me semble, une autre
idée de la tragédie que nous, et ces anciens-là, c'étaient
les Grecs, c'étaient les Athéniens, ce peuple si délicat,
qui nous a laissé en tout genre des modèles que les
autres nations n'ont point encore égalés. Eschyle,
Sophocle, Euripide, ne veillaient pas des années entières
pour ne produire que de ces petites impressions passagères qui se dissipent dans la gaieté d'un souper. Ils
voulaient profondément attrister sur le sort des malheureux ; ils voulaient, non pas amuser seulement leurs
concitoyens, mais les rendre meilleurs. Avaient-ils
tort ? avaient-ils raison ? Pour cet effet, ils faisaient
courir sur la scène les Euménides suivant la trace du
parricide, et conduites par la vapeur du sang qui
frappait leur odorat. Ils avaient trop de jugement pour
applaudir à ces imbroglios, à ces escamotages de
poignards, qui ne sont bons que pour des enfants.
Une tragédie n'est, selon moi, qu'une belle page his-
torique qui se partage en un certain nombre de repos
marqués. On attend le shérif. Il arrive. Il interroge le
seigneur du village. Il lui propose d'apostasier. Celui-ci
s'y refuse. Il le condamne à mort. Il l'envoie dans les
prisons. La fille vient demander la grâce de son père.
Le shérif la lui accorde à une condition révoltante. Le
seigneur du village est mis à mort. Les habitants pour-
suivent le shérif. Il fuit devant eux. L'amant de la fille
du seigneur l'étend mort d'un coup de poignard ; et
l'atroce intolérant meurt au milieu des imprécations.
Il n'en faut pas davantage à un poète pour composer
un grand ouvrage. Que la fille aille interroger sa mère
sur son tombeau, pour en apprendre ce qu'elle doit à
celui qui lui a donné la vie. Qu'elle soit incertaine sur
le sacrifice de l'honneur que l'on exige d'elle. Que,
dans cette incertitude, elle tienne son amant loin d'elle,
et se refuse aux discours de sa passion. Qu'elle obtienne
la permission de voir son père dans les prisons. Que
son père veuille l'unir à son amant, et qu'elle n'y
consente pas. Qu'elle se prostitue. Que, tandis qu'elle

se prostitue, son père soit mis à mort. Que vous ignoriez sa prostitution jusqu'au moment où, son amant la trouvant désolée de la mort de son père qu'il lui apprend, il en apprend le sacrifice qu'elle a fait pour le sauver. Qu'alors le shérif, poursuivi par le peuple, arrive, et qu'il soit massacré par l'amant. Voilà une partie des détails d'un pareil sujet.

LE SECOND

Une partie !

LE PREMIER

Oui, une partie. Est-ce que les jeunes amants ne proposeront pas au seigneur du village de se sauver ? Est-ce que les habitants ne lui proposeront pas d'exterminer le shérif et ses satellites ? Est-ce qu'il n'y aura pas un prêtre défenseur de la tolérance ? Est-ce qu'au milieu de cette journée de douleur, l'amant restera oisif ? Est-ce qu'il n'y a pas de liaisons à supposer entre ces personnages ? Est-ce qu'il n'y a aucun parti à tirer de ces liaisons ? Est-ce qu'il ne peut pas, ce shérif, avoir été l'amant de la fille du seigneur du village ? Est-ce qu'il ne revient pas l'âme pleine de vengeance, et contre le père qui l'aura chassé du bourg, et contre la fille qui l'aura dédaigné ? Que d'incidents importants on peut tirer du sujet le plus simple quand on a la patience de le méditer ! Quelle couleur ne peut-on pas leur donner quand on est éloquent ! On n'est point poète dramatique sans être éloquent. Et croyez-vous que je manquerai de spectacle ? Cet interrogatoire, il se fera dans tout son appareil. Laissez-moi disposer de mon local, et mettons fin à cet écart.

Je te prends à témoin, Roscius anglais, célèbre Garrick, toi qui, du consentement unanime de toutes les nations subsistantes, passes pour le premier comédien qu'elles aient connu, rends hommage à la vérité ! Ne m'as-tu pas dit que, quoique tu sentisses fortement, ton action serait faible, si, quelle que fût la passion ou le caractère que tu avais à rendre. tu ne savais t'élever par la pensée à la grandeur d'un fantôme homérique auquel tu cherchais à t'identifier ? Lorsque je

t'objectai que ce n'était donc pas d'après toi que tu
jouais, confesse ta réponse : ne m'avouas-tu pas que
tu t'en gardais bien, et que tu ne paraissais si étonnant
sur la scène, que parce que tu montrais sans cesse au
spectacle un être d'imagination qui n'était pas toi ?

LE SECOND

L'âme d'un grand comédien a été formée de l'élément subtil dont notre philosophe remplissait l'espace qui n'est ni froid, ni chaud, ni pesant, ni léger, qui
n'affecte aucune forme déterminée, et qui, également
susceptible de toutes, n'en conserve aucune.

LE PREMIER

Un grand comédien n'est ni un piano-forté, ni une
harpe, ni un clavecin, ni un violon, ni un violoncelle;
il n'a point d'accord qui lui soit propre; mais il prend
l'accord et le ton qui conviennent à sa partie, et il sait
se prêter à toutes. J'ai une haute idée du talent d'un
grand comédien : cet homme est rare, aussi rare et
peut-être plus grand que le poète.

Celui qui dans la société se propose, et a le malheureux talent de plaire à tous, n'est rien, n'a rien qui
lui appartienne, qui le distingue, qui engoue les uns et
qui fatigue les autres. Il parle toujours, et toujours
bien; c'est un adulateur de profession, c'est un grand
courtisan, c'est un grand comédien.

LE SECOND

Un grand courtisan, accoutumé, depuis qu'il respire,
au rôle d'un pantin merveilleux, prend toutes sortes de
formes, au gré de la ficelle qui est entre les mains de
son maître.

LE PREMIER

Un grand comédien est un autre pantin merveilleux
dont le poète tient la ficelle, et auquel il indique à
chaque ligne la véritable forme qu'il doit prendre.

LE SECOND

Ainsi un courtisan, un comédien, qui ne peuvent

prendre qu'une forme, quelque belle, quelque intéressante qu'elle soit, ne sont que deux mauvais pantins ?

LE PREMIER

Mon dessein n'est pas de calomnier une profession que j'aime et que j'estime ; je parle de celle du comédien. Je serais désolé que mes observations, mal interprétées, attachassent l'ombre du mépris à des hommes d'un talent rare et d'une utilité réelle, aux fléaux du ridicule et du vice, aux prédicateurs les plus éloquents de l'honnêteté et des vertus, à la verge dont l'homme de génie se sert pour châtier les méchants et les fous. Mais tournez les yeux autour de vous, et vous verrez que les personnes d'une gaieté continue n'ont ni de grands défauts, ni de grandes qualités ; que communément les plaisants de profession sont des hommes frivoles, sans aucun principe solide ; et que ceux qui, semblables à certains personnages qui circulent dans nos sociétés, n'ont aucun caractère, excellent à les jouer tous.

Un comédien n'a-t-il pas un père, une mère, une femme, des enfants, des frères, des sœurs, des connaissances, des amis, une maîtresse ? S'il était doué de cette exquise sensibilité, qu'on regarde comme la qualité principale de son état, poursuivi comme nous et atteint d'une infinité de peines qui se succèdent, et qui tantôt flétrissent nos âmes, et tantôt les déchirent, combien lui resterait-il de jours à donner à notre amusement ? Très peu. Le gentilhomme de la chambre interposerait vainement sa souveraineté, le comédien serait souvent dans le cas de lui répondre : « Monseigneur, je ne saurais rire aujourd'hui, ou c'est d'autre chose que des soucis d'Agamemnon que je veux pleurer. » Cependant on ne s'aperçoit pas que les chagrins de la vie, aussi fréquents pour eux que pour nous, et beaucoup plus contraires au libre exercice de leurs fonctions, les suspendent souvent.

Dans le monde, lorsqu'ils ne sont pas bouffons, je les trouve polis, caustiques et froids, fastueux, dissipés, dissipateurs, intéressés, plus frappés de nos ridicules que touchés de nos maux ; d'un esprit assez rassis au spectacle d'un événement fâcheux, ou au récit d'une

aventure pathétique; isolés, vagabonds, à l'ordre des
grands; peu de mœurs, point d'amis, presque aucune de
ces liaisons saintes et douces qui nous associent aux
peines et aux plaisirs d'un autre qui partage les nôtres.
[J'ai souvent vu rire un comédien hors de la scène, je
n'ai pas mémoire d'en avoir jamais vu pleurer un.]
Cette sensibilité qu'ils s'arrogent et qu'on leur alloue,
qu'en font-ils donc ? La laissent-ils sur les planches,
quand ils en descendent, pour la reprendre quand ils
y remontent ?

Qu'est-ce qui leur chausse le socque ou le cothurne ?
Le défaut d'éducation, la misère et le libertinage. Le
théâtre est une ressource, jamais un choix. Jamais on
ne se fit comédien par goût pour la vertu, par le désir
d'être utile dans la société et de servir son pays ou sa
famille, par aucun des motifs honnêtes qui pourraient
entraîner un esprit droit, un cœur chaud, une âme
sensible vers une aussi belle profession.

Moi-même, jeune, je balançai entre la Sorbonne et la
Comédie. J'allais, en hiver, par la saison la plus rigoureuse, réciter à haute voix des rôles de Molière et de
Corneille dans les allées solitaires du Luxembourg.
Quel était mon projet ? d'être applaudi ? Peut-être. De
vivre familièrement avec les femmes de théâtre que je
trouvais infiniment aimables et que je savais très
faciles ? Assurément. Je ne sais ce que je n'aurais pas
fait pour plaire à la Gaussin, qui débutait alors et qui
était la beauté personnifiée; à la Dangeville, qui avait
tant d'attraits sur la scène.

On a dit que les comédiens n'avaient aucun caractère, parce qu'en les jouant tous ils perdaient celui que
la nature leur avait donné, qu'ils devenaient faux,
comme le médecin, le chirurgien et le boucher
deviennent durs. Je crois qu'on a pris la cause pour
l'effet, et qu'ils ne sont propres à les jouer tous que
parce qu'ils n'en ont point.

LE SECOND

On ne devient point cruel parce qu'on est bourreau;
mais on se fait bourreau, parce qu'on est cruel.

LE PREMIER

J'ai beau examiner ces hommes-là. Je n'y vois rien qui les distingue du reste des citoyens, si ce n'est une vanité qu'on pourrait appeler insolence, une jalousie qui remplit de troubles et de haines leur comité. Entre toutes les associations, il n'y en a peut-être aucune où l'intérêt commun de tous et celui du public soient plus constamment et plus évidemment sacrifiés à de misérables petites prétentions. L'envie est encore pire entre eux qu'entre les auteurs; c'est beaucoup dire, mais cela est vrai. Un poète pardonne plus aisément à un poète le succès d'une pièce, qu'une actrice ne pardonne à une actrice les applaudissements qui la désignent à quelque illustre ou riche débauché. Vous les voyez grands sur la scène, parce qu'ils ont de l'âme, dites-vous; moi, je les vois petits et bas dans la société, parce qu'ils n'en ont point : avec les propos et le ton de Camille et du vieil Horace, toujours les mœurs de Frosine et de Sganarelle. Or, pour juger le fond du cœur, faut-il que je m'en rapporte à des discours d'emprunt, que l'on sait rendre merveilleusement, ou à la nature des actes et à la teneur de la vie ?

LE SECOND

Mais jadis Molière, les Quinault, Montménil, mais aujourd'hui Brizard et Caillot qui est également bienvenu chez les grands et chez les petits, à qui vous confieriez sans crainte votre secret et votre bourse, et avec lequel vous croiriez l'honneur de votre femme et l'innocence de votre fille beaucoup plus en sûreté qu'avec tel grand seigneur de la cour ou tel respectable ministre de nos autels...

LE PREMIER

L'éloge n'est pas exagéré : ce qui me fâche, c'est de ne pas entendre citer un plus grand nombre de comédiens qui l'aient mérité ou qui le méritent. Ce qui me fâche, c'est qu'entre ces propriétaires par état, d'une qualité, la source précieuse et féconde de tant d'autres, un comédien galant homme, une actrice honnête femme soient des phénomènes si rares.

Concluons de là qu'il est faux qu'ils en aient le privilège spécial, et que la sensibilité qui les dominerait dans le monde comme sur la scène, s'ils en étaient doués, n'est ni la base de leur caractère ni la raison de leurs succès; qu'elle ne leur appartient ni plus ni moins qu'à telle ou telle condition de la société, et que si l'on voit si peu de grands comédiens, c'est que les parents ne destinent point leurs enfants au théâtre; c'est qu'on ne s'y prépare point par une éducation commencée dans la jeunesse; c'est qu'une troupe de comédiens n'est point, comme elle devrait l'être chez un peuple où l'on attacherait à la fonction de parler aux hommes rassemblés pour être instruits, amusés, corrigés, l'importance, les honneurs, les récompenses qu'elle mérite, une corporation formée, comme toutes les autres communautés, de sujets tirés de toutes les familles de la société et conduits sur la scène comme au service, au palais, à l'église, par choix ou par goût et du consentement de leurs tuteurs naturels.

LE SECOND

L'avilissement des comédiens modernes est, ce me semble, un malheureux héritage que leur ont laissé les comédiens anciens.

LE PREMIER

Je le crois.

LE SECOND

Si le spectacle naissait aujourd'hui qu'on a des idées plus justes des choses, peut-être que... Mais vous ne m'écoutez pas. A quoi rêvez-vous ?

LE PREMIER

Je suis ma première idée, et je pense à l'influence du spectacle sur le bon goût et sur les mœurs, si les comédiens étaient gens de bien et si leur profession était honorée. Où est le poète qui osât proposer à des hommes bien nés de répéter publiquement des discours plats ou grossiers; à des femmes à peu près sages

comme les nôtres, de débiter effrontément devant une
multitude d'auditeurs des propos qu'elles rougiraient
d'entendre dans le secret de leurs foyers ? Bientôt nos
auteurs dramatiques atteindraient à une pureté, une
délicatesse, une élégance dont ils sont plus loin encore
qu'ils ne le soupçonnent. Or, doutez-vous que l'esprit
national ne s'en ressentît ?

LE SECOND

On pourrait vous objecter peut-être que les pièces,
tant anciennes que modernes, que vos comédiens
honnêtes excluraient de leur répertoire, sont précisément celles que nous jouons en société.

LE PREMIER

Et qu'importe que nos citoyens se rabaissent à la
condition des plus vils histrions ? en serait-il moins
utile, en serait-il moins à souhaiter que nos comédiens
s'élevassent à la condition des plus honnêtes citoyens ?

LE SECOND

La métamorphose n'est pas aisée.

LE PREMIER

[Lorsque je donnai *le Père de Famille*, le magistrat
de la police m'exhorta à suivre ce genre.

LE SECOND

Pourquoi ne le fîtes-vous pas ?

LE PREMIER

C'est que n'ayant pas obtenu le succès que je m'en
étais promis, et ne me flattant pas de faire beaucoup
mieux, je me dégoûtai d'une carrière pour laquelle je
ne me crus pas assez de talent.

LE SECOND

Et pourquoi cette pièce qui remplit aujourd'hui la
salle de spectateurs [avant quatre heures et demie, et
que les comédiens affichent toutes les fois qu'ils ont

besoin d'un millier d'écus], fut-elle si tièdement accueil-
lie dans le commencement ?

LE PREMIER

Quelques-uns disaient que nos mœurs étaient trop
factices pour s'accommoder d'un genre aussi simple,
trop corrompues pour goûter un genre aussi sage.

LE SECOND

Cela n'était pas sans vraisemblance.

LE PREMIER

Mais l'expérience a bien démontré que cela n'était pas
vrai, car nous ne sommes pas devenus meilleurs. D'ailleurs le vrai, l'honnête a tant d'ascendant sur nous, que si
l'ouvrage d'un poète a ces deux caractères et que l'auteur ait du génie, son succès n'en sera que plus assuré.
C'est surtout lorsque tout est faux qu'on aime le vrai,
c'est surtout lorsque tout est corrompu que le spectacle
est le plus épuré. Le citoyen qui se présente à l'entrée
de la Comédie y laisse tous ses vices pour ne les
reprendre qu'en sortant. Là il est juste, impartial, bon
père, bon ami, ami de la vertu; et j'ai vu souvent à
côté de moi des méchants profondément indignés
contre des actions qu'ils n'auraient pas manqué de
commettre s'ils s'étaient trouvés dans les mêmes circonstances où le poète avait placé le personnage qu'ils
abhorraient. Si je ne réussis pas d'abord, c'est que le
genre était étranger aux spectateurs et aux acteurs;
c'est qu'il y avait un préjugé établi et qui subsiste
encore contre ce qu'on appelle la comédie larmoyante;
c'est que j'avais une nuée d'ennemis à la cour, à la
ville, parmi les magistrats, parmi les gens d'église,
parmi les hommes de lettres.

LE SECOND

Et comment aviez-vous encouru tant de haines ?

LE PREMIER

Ma foi, je n'en sais rien, car je n'ai jamais fait de
satire ni contre les grands ni contre les petits, et je

n'ai croisé personne sur le chemin de la fortune et des
honneurs. Il est vrai que j'étais du nombre de ceux
qu'on appelle philosophes, qu'on regardait alors
comme des citoyens dangereux, et contre lesquels le
ministère avait lâché deux ou trois scélérats subal-
ternes, sans vertu, sans lumières, et qui pis est sans
talent. Mais laissons cela.

LE SECOND

Sans compter que ces philosophes avaient rendu la
tâche des poètes et des littérateurs en général plus
difficile. Il ne s'agissait plus, pour s'illustrer, de savoir
tourner un madrigal ou un couplet ordurier.]

LE PREMIER

Cela se peut. Un jeune dissolu, au lieu de se rendre
avec assiduité dans l'atelier du peintre, du sculpteur,
de l'artiste qui l'a adopté, a perdu les années les plus
précieuses de sa vie, et il est resté à vingt ans sans
ressources et sans talent. Que voulez-vous qu'il
devienne ? Soldat ou comédien. Le voilà donc enrôlé
dans une troupe de campagne. Il rôde jusqu'à ce qu'il
puisse se promettre un début dans la capitale. Une
malheureuse créature a croupi dans la fange de la
débauche; lasse de l'état le plus abject, celui de basse
courtisane, elle apprend par cœur quelques rôles, elle
se rend un matin chez la Clairon, comme l'esclave
ancien chez l'édile ou le préteur. Celle-ci la prend par
la main, lui fait faire une pirouette, la touche de sa
baguette, et lui dit : « Va faire rire ou pleurer les
badauds. »

Ils sont excommuniés. Ce public qui ne peut s'en
passer les méprise. Ce sont des esclaves sans cesse
sous la verge d'un autre esclave. Croyez-vous que les
marques d'un avilissement aussi continu puissent rester sans effet, et que, sous le fardeau de l'ignominie,
une âme soit assez ferme pour se tenir à la hauteur de
Corneille ?

Ce despotisme que l'on exerce sur eux, ils l'exercent
sur les auteurs, et je ne sais quel est le plus vil ou du
comédien insolent ou de l'auteur qui le souffre.

LE SECOND

On veut être joué.

LE PREMIER

A quelque condition que ce soit. Ils sont tous las
de leur métier. Donnez votre argent à la porte, et ils
se lasseront de votre présence et de vos applaudissements. Suffisamment rentés par les petites loges, ils
ont été sur le point de décider ou que l'auteur renon-
cerait à son honoraire, ou que sa pièce ne serait pas
acceptée.

LE SECOND

Mais ce projet n'allait à rien moins qu'à éteindre le
genre dramatique.

LE PREMIER

Qu'est-ce que cela leur fait ?

LE SECOND

Je pense qu'il vous reste peu de chose à dire.

LE PREMIER

Vous vous trompez. Il faut que je vous prenne par la
main et que je vous introduise chez la Clairon, cette
incomparable magicienne.

LE SECOND

Celle-là du moins était fière de son état.

LE PREMIER

Comme le seront toutes celles qui ont excellé. Le
théâtre n'est méprisé que par ceux d'entre les acteurs
que les sifflets en ont chassés. Il faut que je vous montre
la Clairon dans les transports réels de sa colère. Si
par hasard elle y conservait son maintien, ses accents,
son action théâtrale avec tout son apprêt, avec toute
son emphase, ne porteriez-vous pas vos mains sur
vos côtés, et pourriez-vous contenir vos éclats ? Que
m'apprenez-vous donc alors ? Ne prononcez-vous pas
nettement que la sensibilité vraie et la sensibilité

jouée sont deux choses fort différentes ? Vous riez de
ce que vous auriez admiré au théâtre ? et pourquoi cela,
s'il vous plaît ? C'est que la colère réelle de la Clairon
ressemble à de la colère simulée, et que vous avez le
discernement juste du masque de cette passion et de
sa personne. Les images des passions au théâtre n'en
sont donc pas les vraies images, ce n'en sont donc que
des portraits outrés, que de grandes caricatures assu-
jetties à des règles de convention. Or, interrogez-vous,
demandez-vous à vous-même quel artiste se renfer-
mera le plus strictement dans ces règles données ? Quel
est le comédien qui saisira le mieux cette bouffissure
prescrite, ou de l'homme dominé par son propre
caractère, ou de l'homme né sans caractère, ou de
l'homme qui s'en dépouille pour se revêtir d'un autre
plus grand, plus noble, plus violent, plus élevé ? On
est soi de nature; on est un autre d'imitation; le cœur
qu'on se suppose n'est pas le cœur qu'on a. Qu'est-ce
donc que le vrai talent ? Celui de bien connaître les
symptômes extérieurs de l'âme d'emprunt, de s'adres-
ser à la sensation de ceux qui nous entendent, qui
nous voient, et de les tromper par l'imitation de ces
symptômes, par une imitation qui agrandisse tout
dans leurs têtes et qui devienne la règle de leur jugement; car il est impossible d'apprécier autrement ce
qui se passe au-dedans de nous. Et que nous importe
en effet qu'ils sentent ou qu'ils ne sentent pas, pourvu
que nous l'ignorions ?

Celui donc qui connaît le mieux et qui rend le plus
parfaitement ces signes extérieurs d'après le modèle
idéal le mieux conçu est le plus grand comédien.

LE SECOND

Celui qui laisse le moins à imaginer au grand comédien est le plus grand des poètes.

LE PREMIER

J'allais le dire. Lorsque, par une longue habitude
du théâtre, on garde dans la société l'emphase théâtrale et qu'on y promène Brutus, Cinna, Mithridate,
Cornélie, Mérope, Pompée, savez-vous ce qu'on fait ?

On accouple à une âme petite ou grande, de la mesure précise que Nature l'a donnée, les signes extérieurs d'une âme exagérée et gigantesque qu'on n'a pas; et de là naît le ridicule.

LE SECOND

La cruelle satire que vous faites là, innocemment ou malignement, des acteurs et des auteurs!

LE PREMIER

Comment cela ?

LE SECOND

Il est, je crois, permis à tout le monde d'avoir une âme forte et grande; il est, je crois, permis d'avoir le maintien, le propos et l'action de son âme, et je crois que l'image de la véritable grandeur ne peut jamais être ridicule.

LE PREMIER

Que s'ensuit-il de là ?

LE SECOND

Ah, traître! vous n'osez le dire, et il faudra que j'encoure l'indignation générale pour vous. C'est que la vraie tragédie est encore à trouver, et qu'avec leurs défauts les anciens en étaient peut-être plus voisins que nous.

LE PREMIER

Il est vrai que je suis enchanté d'entendre Philoctète dire si simplement et si fortement à Néoptolème, qui lui rend les flèches d'Hercule qu'il lui avait volées à l'instigation d'Ulysse : « Vois quelle action tu avais commise : sans t'en apercevoir, tu condamnais un malheureux à périr de douleur et de faim. Ton vol est le crime d'un autre, ton repentir est à toi. Non, jamais tu n'aurais pensé à commettre une pareille indignité si tu avais été seul. Conçois donc, mon enfant, combien il importe à ton âge de ne fréquenter que d'honnêtes gens. Voilà ce que tu avais à gagner dans la société

d'un scélérat. Et pourquoi t'associer aussi à un homme
de ce caractère ? Etait-ce là celui que ton père aurait
choisi pour son compagnon et pour son ami ? Ce
digne père qui ne se laissa jamais approcher que des
plus distingués personnages de l'armée, que te dirait-il,
s'il te voyait avec un Ulysse ?... » Y a-t-il dans ce discours autre chose que ce que vous adresseriez à mon
fils, que ce que je dirais au vôtre ?

LE SECOND

Non.

LE PREMIER

Cependant cela est beau.

LE SECOND

Assurément.

LE PREMIER

Et le ton de ce discours prononcé sur la scène différerait-il du ton dont on le prononcerait dans la
société ?

LE SECOND

Je ne le crois pas.

LE PREMIER

Et ce ton dans la société, y serait-il ridicule ?

LE SECOND

Nullement.

LE PREMIER

Plus les actions sont fortes et les propos simples,
plus j'admire. Je crains bien que nous n'ayons pris
cent ans de suite la rodomontade de Madrid pour
l'héroïsme de Rome, et brouillé le ton de la muse
tragique avec le langage de la muse épique.

LE SECOND

Notre vers alexandrin est trop nombreux et trop
noble pour le dialogue.

LE PREMIER

Et notre vers de dix syllabes est trop futile et trop léger. Quoi qu'il en soit, je désirerais que vous n'allassiez à la représentation de quelqu'une des pièces romaines de Corneille qu'au sortir de la lecture des lettres de Cicéron à Atticus. Combien je trouve nos auteurs dramatiques ampoulés! Combien leurs déclamations me sont dégoûtantes, lorsque je me rappelle la simplicité et le nerf du discours de Régulus dissuadant le Sénat et le peuple romain de l'échange des captifs! C'est ainsi qu'il s'exprime dans une ode, poème qui comporte bien plus de chaleur, de verve et d'exagération qu'un monologue tragique; il dit :

« J'ai vu nos enseignes suspendues dans les temples de Carthage. J'ai vu le soldat romain dépouillé de ses armes qui n'avaient pas été teintes d'une goutte de sang. J'ai vu l'oubli de la liberté, et des citoyens les bras retournés en arrière et liés sur leur dos. J'ai vu les portes des villes toutes ouvertes, et les moissons couvrir les champs que nous avions ravagés. Et vous croyez que, rachetés à prix d'argent, ils reviendront plus courageux ? Vous ajoutez une perte à l'ignominie. La vertu, chassée d'une âme qui s'est avilie, n'y revient plus. N'attendez rien de celui qui a pu mourir, et qui s'est laissé garrotter. O Carthage, que tu es grande et fière de notre honte!... »

Tel fut son discours et telle sa conduite. Il se refuse aux embrassements de sa femme et de ses enfants, il s'en croit indigne comme un vil esclave. Il tient ses regards farouches attachés sur la terre, et dédaigne les pleurs de ses amis, jusqu'à ce qu'il ait amené les sénateurs à un avis qu'il était seul capable de donner, et qu'il lui fût permis de retourner à son exil.

LE SECOND

Cela est simple et beau; mais le moment où le héros se montre, c'est le suivant.

LE PREMIER

Vous avez raison.

LE SECOND

Il n'ignorait pas le supplice qu'un ennemi féroce lui préparait. Cependant il reprend sa sérénité, il se dégage de ses proches qui cherchaient à différer son retour, avec la même liberté dont il se dégageait auparavant de la foule de ses clients pour aller se délasser de la fatigue des affaires dans ses champs de Vénafre ou sa campagne de Tarente.

LE PREMIER

Fort bien. A présent mettez la main sur la conscience, et dites-moi s'il y a dans nos poètes beaucoup d'endroits du ton propre à une vertu aussi haute, aussi familière, et ce que vous paraîtraient dans cette bouche, ou nos tendres jérémiades, ou la plupart de nos fanfaronnades à la Corneille.

Combien de choses que je n'ose confier qu'à vous! Je serais lapidé dans les rues si l'on me savait coupable de ce blasphème, et il n'y a aucune sorte de martyre dont j'ambitionne le laurier.

S'il arrive un jour qu'un homme de génie ose donner à ses personnages le ton simple de l'héroïsme antique, l'art du comédien sera autrement difficile, car la déclamation cessera d'être une espèce de chant.

Au reste, lorsque j'ai prononcé que la sensibilité était la caractéristique de la bonté de l'âme et de la médiocrité du génie, j'ai fait un aveu qui n'est pas trop ordinaire, car si Nature a pétri une âme sensible, c'est la mienne.

L'homme sensible est trop abandonné à la merci de son diaphragme pour être un grand roi, un grand politique, un grand magistrat, un homme juste, un profond observateur, et conséquemment un sublime imitateur de la nature, à moins qu'il ne puisse s'oublier et se distraire de lui-même, et qu'à l'aide d'une imagination forte il ne sache se créer, et d'une mémoire tenace tenir son attention fixée sur des fantômes qui lui servent de modèles; mais alors ce n'est plus lui qui agit, c'est l'esprit d'un autre qui le domine.

Je devrais m'arrêter ici; mais vous me pardonnerez plus aisément une réflexion déplacée qu'omise. C'est

une expérience qu'apparemment vous aurez faite quelquefois, lorsque appelé par un débutant ou par une
débutante, chez elle, en petit comité, pour prononcer
sur son talent, vous lui aurez accordé de l'âme, de la
sensibilité, des entrailles, vous l'aurez accablée
d'éloges et l'aurez laissée, en vous séparant d'elle, avec
l'espoir du plus grand succès. Cependant qu'arrive-
t-il ? Elle paraît, elle est sifflée, et vous vous avouez à
vous-même que les sifflets ont raison. D'où cela vient-
il ? Est-ce qu'elle a perdu son âme, sa sensibilité, ses
entrailles, du matin au soir ? Non; mais à son rez-de-
chaussée vous étiez terre à terre avec elle; vous l'écou-
tiez sans égard aux conventions, elle était vis-à-vis de
vous, il n'y avait entre l'un et l'autre aucun modèle de
comparaison; vous étiez satisfait de sa voix, de son
geste, de son expression, de son maintien; tout était
en proportion avec l'auditoire et l'espace; rien ne
demandait de l'exagération. Sur les planches tout a
changé : ici il fallait un autre personnage, puisque tout
s'était agrandi.

Sur un théâtre particulier, dans un salon où le spectateur est presque de niveau avec l'acteur, le vrai personnage dramatique vous aurait paru énorme, gigantesque, et au sortir de la représentation vous auriez dit
à votre ami confidemment : « Elle ne réussira pas, elle
est outrée; » et son succès au théâtre vous aurait
étonné. Encore une fois, que ce soit un bien ou un
mal, le comédien ne dit rien, ne fait rien dans la société
précisément comme sur la scène; c'est un autre monde.

Mais un fait décisif qui m'a été raconté par un
homme vrai, d'un tour d'esprit original et piquant,
l'abbé Galiani, et qui m'a été ensuite confirmé par
un autre homme vrai, d'un tour d'esprit aussi original
et piquant, M. le marquis de Caraccioli, ambassadeur
de Naples à Paris, c'est qu'à Naples, la patrie de l'un
et de l'autre, il y a un poète dramatique dont le soin
principal n'est pas de composer sa pièce.

LE SECOND

La vôtre, *le Père de Famille*, y a singulièrement
réussi.

LE PREMIER

On en a donné quatre représentations de suite devant le roi, contre l'étiquette de la cour qui prescrit autant de pièces différentes que de jours de spectacle, et le peuple en fut transporté. Mais le souci du poète napolitain est de trouver dans la société des personnages d'âge, de figure, de voix, de caractère propres à remplir ses rôles. On n'ose le refuser, parce qu'il s'agit de l'amusement du souverain. Il exerce ses acteurs pendant six mois, ensemble et séparément. Et quand imaginez-vous que la troupe commence à jouer, à s'entendre, à s'acheminer vers le point de perfection qu'il exige ? C'est lorsque les acteurs sont épuisés de la fatigue de ces répétitions multipliées, ce que nous appelons blasés. De cet instant les progrès sont surprenants, chacun s'identifie avec son personnage; et c'est à la suite de ce pénible exercice que des représentations commencent et se continuent pendant six autres mois de suite, et que le souverain et ses sujets jouissent du plus grand plaisir qu'on puisse recevoir de l'illusion théâtrale. Et cette illusion, aussi forte, aussi parfaite à la dernière représentation qu'à la première, à votre avis, peut-elle être l'effet de la sensibilité ?

Au reste, la question que j'approfondis a été autrefois entamée entre un médiocre littérateur, Rémond de Saint-Albine, et un grand comédien, Riccoboni. Le littérateur plaidait la cause de la sensibilité, le comédien plaidait la mienne. C'est une anecdote que j'ignorais et que je viens d'apprendre.

J'ai dit, vous m'avez entendu, et je vous demande à présent ce que vous en pensez.

LE SECOND

Je pense que ce petit homme arrogant, décidé, sec et dur, en qui il faudrait reconnaître une dose honnête de mépris, s'il en avait seulement le quart de ce que la nature prodigue lui a accordé de suffisance, aurait été un peu plus réservé dans son jugement si vous aviez eu, vous, la complaisance de lui exposer vos raisons, lui, la patience de vous écouter; mais le malheur est qu'il sait tout, et qu'à titre d'homme universel, il se croit dispensé d'écouter.

LE PREMIER

En revanche, le public le lui rend bien. Connaissez-vous madame Riccoboni ?

LE SECOND

Qui est-ce qui ne connaît pas l'auteur d'un grand nombre d'ouvrages charmants, pleins de génie, d'honnêteté, de délicatesse et de grâce ?

LE PREMIER

Croyez-vous que cette femme fût sensible ?

LE SECOND

Ce n'est pas seulement par ses ouvrages, mais par sa conduite qu'elle l'a prouvé. Il y a dans sa vie un incident qui a pensé la conduire au tombeau. Au bout de vingt ans ses pleurs ne sont pas encore taris, et la source de ses larmes n'est pas encore épuisée.

LE PREMIER

Eh bien, cette femme, une des plus sensibles que la nature ait formées, a été une des plus mauvaises actrices qui aient jamais paru sur la scène. Personne ne parle mieux de l'art, personne ne joue plus mal.

LE SECOND

J'ajouterai qu'elle en convient, et qu'il ne lui est jamais arrivé d'accuser les sifflets d'injustice.

LE PREMIER

Et pourquoi, avec la sensibilité exquise, la qualité principale, selon vous, du comédien, la Riccoboni était-elle si mauvaise ?

LE SECOND

C'est qu'apparemment les autres lui manquaient à un point tel que la première n'en pouvait compenser le défaut.

LE PREMIER

Mais elle n'est point mal de figure; elle a de l'esprit; elle a le maintien décent; sa voix n'a rien de choquant. Toutes les bonnes qualités qu'on tient de l'éducation, elle les possédait. Elle ne présentait rien de choquant en société. On la voit sans peine, on l'écoute avec le plus grand plaisir.

LE SECOND

Je n'y entends rien; tout ce que je sais, c'est que jamais le public n'a pu se réconcilier avec elle, et qu'elle a été vingt ans de suite la victime de sa profession.

LE PREMIER

Et de sa sensibilité, au-dessus de laquelle elle n'a jamais pu s'élever; et c'est parce qu'elle est constamment restée elle, que le public l'a constamment dédaignée.

LE SECOND

Et vous, ne connaissez-vous pas Caillot ?

LE PREMIER

Beaucoup.

LE SECOND

Avez-vous quelquefois causé là-dessus ?

LE PREMIER

Non.

LE SECOND

A votre place, je serais curieux de savoir son avis.

LE PREMIER

Je le sais.

LE SECOND

Quel est-il ?

LE PREMIER

Le vôtre et celui de votre ami.

LE SECOND

Voilà une terrible autorité contre vous.

LE PREMIER

J'en conviens.

LE SECOND

Et comment avez-vous appris le sentiment de Caillot ?

LE PREMIER

Par une femme pleine d'esprit et de finesse, la princesse de Ealitzin. Caillot avait joué le Déserteur, il était encore sur le lieu où il venait d'éprouver et elle de partager, à côté de lui, toutes les transes d'un malheureux prêt à perdre sa maîtresse et la vie. Caillot s'approche de sa loge et lui adresse, avec ce visage riant que vous lui connaissez, des propos gais, honnêtes et polis. La princesse, étonnée, lui dit : « Comment! vous n'êtes pas mort! Moi, qui n'ai été que spectatrice de vos angoisses, je n'en suis pas encore revenue. — Non, madame, je ne suis pas mort. Je serais trop à plaindre si je mourais si souvent. — Vous ne sentez donc rien ? — Pardonnez-moi... » Et puis les voilà engagés dans une discussion qui finit entre eux comme celle-ci finira entre nous : je resterai dans mon opinion, et vous dans la vôtre. La princesse ne se rappelait point les raisons de Caillot, mais elle avait observé que ce grand imitateur de la nature, au moment de son agonie, lorsqu'on allait l'entraîner au supplice, s'apercevant que la chaise où il aurait à déposer Louise évanouie était mal placée, la rarrangeait en chantant d'une voix moribonde : « Mais Louise ne vient pas, et mon heure s'approche... » Mais vous êtes distrait ; à quoi pensez-vous ?

LE SECOND

Je pense à vous proposer un accommodement : de réserver à la sensibilité naturelle de l'acteur ces moments rares où sa tête se perd, où il ne voit plus le [spectateur], où il a oublié qu'il est sur un théâtre, où il s'est oublié lui-même, où il est dans Argos, dans Mycènes, où il est le personnage même qu'il joue; il pleure.

LE PREMIER

En mesure ?

LE SECOND

En mesure. Il crie.

LE PREMIER

Juste ?

LE SECOND

Juste. S'irrite, s'indigne, se désespère, présente à mes yeux l'image réelle, porte à mon oreille et à mon cœur l'accent vrai de la passion qui l'agite, au point qu'il m'entraîne, que je m'ignore moi-même, que ce n'est plus ni Brizard, ni Le Kain, mais Agamemnon que je vois, mais Néron que j'entends... etc., d'abandonner à l'art tous les autres instants... Je pense que peut-être alors il en est de la nature comme de l'esclave qui apprend à se mouvoir librement sous la chaîne : l'habitude de la porter lui en dérobe le poids et la contrainte.

LE PREMIER

Un acteur sensible aura peut-être dans son rôle un ou deux de ces moments d'aliénation qui dissoneront avec le reste d'autant plus fortement qu'ils seront plus beaux. Mais dites-moi, le spectacle alors ne cesse-t-il pas d'être un plaisir et ne devient-il pas un supplice pour vous ?

LE SECOND

Oh! non.

LE PREMIER

Et ce pathétique de fiction ne l'emporte-t-il pas sur le spectacle domestique et réel d'une famille éplorée autour de la couche funèbre d'un père chéri ou d'une mère adorée ?

LE SECOND

Oh! non.

LE PREMIER

Vous ne vous êtes donc pas, ni le comédien, ni
vous, si parfaitement oubliés...

LE SECOND

Vous m'avez déjà fort embarrassé, et je ne doute pas
que vous ne puissiez m'embarrasser encore ; mais je vous
ébranlerais, je crois, si vous me permettiez de m'associer un second. Il est quatre heures et demie ; on donne
Didon ; allons voir mademoiselle Raucourt ; elle vous
répondra mieux que moi.

LE PREMIER

Je le souhaite, mais je ne l'espère pas. Pensez-vous
qu'elle fasse ce que ni la Le Couvreur, ni la Duclos,
ni la de Seine, ni la Balincourt, ni la Clairon, ni la
Dumesnil n'ont pu faire ? J'ose vous assurer que, si
notre jeune débutante est encore loin de la perfection,
c'est qu'elle est trop novice pour ne point sentir, et
je vous prédis que, si elle continue de sentir, de rester
elle et de préférer l'instinct borné de la nature à l'étude
illimitée de l'art, elle ne s'élèvera jamais à la hauteur
des actrices que je vous ai nommées. Elle aura de
beaux moments, mais elle ne sera pas belle. Il en sera
d'elle comme de la Gaussin et de plusieurs autres qui
n'ont été toute leur vie maniérées, faibles et mono-
tones, que parce qu'elles n'ont jamais pu sortir de
l'enceinte étroite où leur sensibilité naturelle les renfermait. Votre dessein est-il toujours de m'opposer
mademoiselle Raucourt ?

LE SECOND

Assurément.

LE PREMIER

Chemin faisant, je vous raconterai un fait qui revient
assez au sujet de notre entretien. Je connaissais Pigalle ;
j'avais mes entrées chez lui. J'y vais un matin, je

frappe; l'artiste m'ouvre, son ébauchoir à la main; et, m'arrêtant sur le seuil de son atelier : « Avant que de vous laisser passer, me dit-il, jurez-moi que vous n'aurez pas de peur d'une belle femme toute nue... » Je souris... j'entrai. Il travaillait alors à son monument du maréchal de Saxe, et une très belle courtisane lui servait de modèle pour la figure de la France. Mais comment croyez-vous qu'elle me parut entre les figures colossales qui l'environnaient ? pauvre, petite, mesquine, une espèce de grenouille; elle en était écrasée; et j'aurais pris, sur la parole de l'artiste, cette grenouille pour une belle femme, si je n'avais pas attendu la fin de la séance et si je ne l'avais pas vue terre à terre et le dos tourné à ces figures gigantesques qui la réduisaient à rien. Je vous laisse le soin d'appliquer ce phénomène singulier à la Gaussin, à la Riccoboni et à toutes celles qui n'ont pu s'agrandir sur la scène.

Si, par impossible, une actrice avait reçu la sensibilité à un degré comparable à celle que l'art porté à l'extrême peut simuler, le théâtre propose tant de caractères divers à imiter, et un seul rôle principal amène tant de situations opposées, que cette rare pleureuse, incapable de bien jouer deux rôles différents, excellerait à peine dans quelques endroits du même rôle; ce serait la comédienne la plus inégale, la plus bornée et la plus inepte qu'on pût imaginer. S'il lui arrivait de tenter un élan, sa sensibilité prédominante ne tarderait pas à la ramener à la médiocrité. Elle ressemblerait moins à un vigoureux coursier qui galope qu'à une faible haquenée qui prend le mors aux dents. Son instant d'énergie, passager, brusque, sans gradation, sans préparation, sans unité, vous paraîtrait un accès de folie.

La sensibilité étant, en effet, compagne de la douleur et de la faiblesse, dites-moi si une créature douce, faible et sensible est bien propre à concevoir et à rendre le sang-froid de Léontine, les transports jaloux d'Hermione, les fureurs de Camille, la tendresse maternelle de Mérope, le délire et les remords de Phèdre, l'orgueil tyrannique d'Agrippine, la violence de Clytemnestre ?

Abandonnez votre éternelle pleureuse à quelques-uns de nos rôles élégiaques, et ne l'en tirez pas.

C'est qu'être sensible est une chose, et sentir est une autre. L'une est une affaire d'âme, l'autre une affaire de jugement. C'est qu'on sent avec force et qu'on ne saurait rendre; c'est qu'on rend, seul, en société, au coin d'un foyer, en lisant, en jouant, pour quelques auditeurs, et qu'on ne rend rien qui vaille au théâtre; c'est qu'au théâtre, avec ce qu'on appelle de la sensibilité, de l'âme, des entrailles, on rend bien une ou deux tirades et qu'on manque le reste; c'est qu'embrasser toute l'étendue d'un grand rôle, y ménager les clairs et les obscurs, les doux et les faibles, se montrer égal dans les endroits tranquilles et dans les endroits agités, être varié dans les détails, harmonieux et un dans l'ensemble, et se former un système soutenu de déclamation qui aille jusqu'à sauver les boutades du poète, c'est l'ouvrage d'une tête froide, d'un profond jugement, d'un goût exquis, d'une étude pénible, d'une longue expérience et d'une ténacité de mémoire peu commune; c'est que la règle *qualis ab incepto proces-serit et sibi constet*, très rigoureuse pour le poète, l'est jusqu'à la minutie pour le comédien; c'est que celui qui sort de la coulisse sans avoir son jeu présent et son rôle noté éprouvera toute sa vie le rôle d'un débutant, ou que si, doué d'intrépidité, de suffisance et de verve, il compte sur la prestesse de sa tête et l'habitude du métier, cet homme vous en imposera par sa chaleur et son ivresse, et que vous applaudirez à son jeu comme un connaisseur en peinture sourit à une esquisse libertine où tout est indiqué et rien n'est décidé. C'est un de ces prodiges qu'on a vu quelquefois à la foire ou chez Nicolet. Peut-être ces fous-là font-ils bien de rester ce qu'ils sont, des comédiens ébauchés. Plus de travail ne leur donnerait pas ce qui leur manque et pourrait leur ôter ce qu'ils ont. Prenez-les pour ce qu'ils valent, mais ne les mettez pas à côté d'un tableau fini.

LE SECOND

Il ne me reste plus qu'une question à vous faire.

LE PREMIER

Faites.

LE SECOND

Avez-vous vu jamais une pièce entière parfaitement jouée ?

LE PREMIER

Ma foi, je ne m'en souviens pas... Mais attendez... Oui, quelquefois une pièce médiocre, par des acteurs médiocres...

Nos deux interlocuteurs allèrent au spectacle, mais n'y trouvant plus de place ils se rabattirent aux Tuileries. Ils se promenèrent quelque temps en silence. Ils semblaient avoir oublié qu'ils étaient ensemble, et chacun s'entretenait avec lui-même comme s'il eût été seul, l'un à haute voix, l'autre à voix si basse qu'on ne l'entendait pas, laissant seulement échapper par intervalles des mots isolés, mais distincts, desquels il était facile de conjecturer qu'il ne se tenait pas pour battu.

Les idées de l'homme au paradoxe sont les seules dont je puisse rendre compte, et les voici aussi décousues qu'elles doivent le paraître lorsqu'on supprime d'un soliloque les intermédiaires qui servent de liaison. Il disait :

Qu'on mette à sa place un acteur sensible, et nous verrons comment il s'en tirera. Lui, que fait-il ? Il pose son pied sur la balustrade, rattache sa jarretière, et répond au courtisan qu'il méprise, la tête tournée sur une de ses épaules; et c'est ainsi qu'un incident qui aurait déconcerté tout autre que ce froid et sublime comédien, subitement adapté à la circonstance, devient un trait de génie.

(Il parlait, je crois, de Baron dans la tragédie du *Comte d'Essex*. Il ajoutait en souriant :)

Eh oui, il croira que celle-là sent, lorsque renversée sur le sein de sa confidente et presque moribonde, les yeux tournés vers les troisièmes loges, elle y aperçoit un vieux procureur qui fondait en larmes et dont la douleur grimaçait d'une manière tout à fait burlesque, et dit : « Regarde donc un peu là-haut la bonne figure que voilà... » murmurant dans sa gorge ces paroles comme si elles eussent été la suite d'une plainte inarticulée... A d'autres ! à d'autres ! Si je me rappelle bien ce fait, il est de la Gaussin, dans *Zaïre*.

Et ce troisième dont la fin a été si tragique, je l'ai connu, j'ai connu son père, qui m'invitait aussi quelquefois à dire mon mot dans son cornet.

(Il n'y a pas de doute qu'il ne soit ici question du sage Montménil.)

C'était la candeur et l'honnêteté même. Qu'y avait-il de commun entre son caractère naturel et celui de Tartuffe qu'il jouait supérieurement ? Rien. Où avait-il pris ce torticolis, ce roulement d'yeux si singulier, ce ton radouci et toutes les autres finesses du rôle de l'hypocrite ? Prenez garde à ce que vous allez répondre. Je vous tiens. — Dans une imitation profonde de la nature. — Dans une imitation profonde de la nature ? Et vous verrez que les symptômes extérieurs qui désignent le plus fortement la sensibilité de l'âme ne sont pas autant dans la nature que les symptômes extérieurs de l'hypocrisie; qu'on ne saurait les y étudier, et qu'un acteur à grand talent trouvera plus de difficultés à saisir et à imiter les uns que les autres ! Et si je soutenais que de toutes les qualités de l'âme la sensibilité est la plus facile à contrefaire, n'y ayant peut-être pas un seul homme assez cruel, assez inhumain pour que le germe n'en existât pas dans son cœur, pour ne l'avoir jamais éprouvée; ce qu'on ne saurait assurer de toutes les autres passions, telle que l'avarice, la méfiance ? Est-ce qu'un excellent instrument ?... — Je vous entends; il y aura toujours, entre celui qui contrefait la sensibilité et celui qui sent, la différence de l'imitation à la chose. — Et tant mieux, tant mieux, vous dis-je. Dans le premier cas, le comédien n'aura pas à se séparer de lui-même, il se portera tout à coup et de plein saut à la hauteur du modèle idéal. — Tout à coup et de plein saut ! — Vous me chicanez sur une expression. Je veux dire que, n'étant jamais ramené au petit modèle qui est en lui, il sera aussi grand, aussi étonnant, aussi parfait imitateur de

la sensibilité que de l'avarice, de l'hypocrisie, de la
duplicité et de tout autre caractère qui ne sera pas le
sien, de toute autre passion qu'il n'aura pas. La chose
que le personnage naturellement sensible me montrera sera petite; l'imitation de l'autre sera forte; ou
s'il arrivait que leurs copies fussent également fortes,
ce que je ne vous accorde pas, mais pas du tout, l'un,
parfaitement maître de lui-même et jouant tout à
fait d'étude et de jugement, serait tel que l'expérience
journalière le montre, plus un que celui qui jouera
moitié de nature, moitié d'étude, moitié d'après un
modèle, moitié d'après lui-même. Avec quelque habileté que ces deux imitations soient fondues ensemble,
un spectateur délicat les discernera plus facilement
encore qu'un profond artiste ne démêlera dans une
statue la ligne qui séparerait ou deux styles différents, ou le devant exécuté d'après un modèle, et
le dos d'après un autre. — Qu'un acteur consommé
cesse de jouer de tête, qu'il s'oublie; que son cœur
s'embarrasse; que la sensibilité le gagne, qu'il s'y
livre. Il nous enivrera. — Peut-être. — Il nous transportera d'admiration. — Cela n'est pas impossible;
mais c'est à condition qu'il ne sortira pas de son
système de déclamation et que l'unité ne disparaîtra
point, sans quoi vous prononcerez qu'il est devenu
fou... Oui, dans cette supposition vous aurez un bon
moment, j'en conviens; mais préférez-vous un beau
moment à un beau rôle ? Si c'est votre choix, ce n'est
pas le mien.

Ici l'homme au paradoxe se tut. Il se promenait à
grands pas sans regarder où il allait; il eût heurté de
droite et de gauche ceux qui venaient à sa rencontre
s'ils n'eussent évité le choc. Puis, s'arrêtant tout à
coup, et saisissant son antagoniste fortement par le
bras, il lui dit d'un ton dogmatique et tranquille : Mon
ami, il y a trois modèles, l'homme de la nature, l'homme
du poète, l'homme de l'acteur. Celui de la nature est
moins grand que celui du poète, et celui-ci moins grand
encore que celui du grand comédien, le plus exagéré de
tous. Ce dernier monte sur les épaules du précédent, et
se renferme dans un grand mannequin d'osier dont il

est l'âme; il meut ce mannequin d'une manière
effrayante, même pour le poète qui ne se reconnaît
plus, et il nous épouvante, comme vous l'avez fort
bien dit, ainsi que les enfants s'épouvantent les uns
les autres en tenant leurs petits pourpoints courts
élevés au-dessus de leur tête, en s'agitant, et en imitant de leur mieux la voix rauque et lugubre d'un
fantôme qu'ils contrefont. Mais, par hasard, n'auriez-
vous pas vu des jeux d'enfants qu'on a gravés ? N'y
auriez-vous pas vu un marmot qui s'avance sous un
masque hideux de vieillard qui le cache de la tête aux
pieds ? Sous ce masque, il rit de ses petits camarades
que la terreur met en fuite. Ce marmot est le vrai sym-
bole de l'acteur; ses camarades sont les symboles du
spectateur. Si le comédien n'est doué que d'une sensibilité médiocre, et que ce soit là tout son mérite, ne
le tiendrez-vous pas pour un homme médiocre ? Pre-
nez-y garde, c'est encore un piège que je vous tends.
— Et s'il est doué d'une extrême sensibilité, qu'en
arrivera-t-il ? — Ce qu'il en arrivera ? C'est qu'il ne
jouera pas du tout, ou qu'il jouera ridiculement. Oui,
ridiculement, et la preuve, vous la verrez en moi quand
il vous plaira. Que j'aie un récit un peu pathétique à
faire, il s'élève je ne sais quel trouble dans mon cœur
dans ma tête; ma langue s'embarrasse; ma voix s'al-
tère: mes idées se décomposent; mon discours se sus-
pend; je balbutie, je m'en aperçois; les larmes coulent
de mes joues, et je me tais. — Mais cela vous réussit.
— En société; au théâtre, je serais hué. — Pourquoi ?
— Parce qu'on ne vient pas pour voir des pleurs,
mais pour entendre des discours qui en arrachent, parce
que cette vérité de nature dissone avec la vérité de
convention. Je m'explique : je veux dire que, ni le
système dramatique, ni l'action, ni les discours du
poète, ne s'arrangeraient point de ma déclamation
étouffée, interrompue, sanglotée. Vous voyez qu'il
n'est pas même permis d'imiter la nature, même la
belle nature, la vérité de trop près, et qu'il est des limites
dans lesquelles il faut se renfermer. — Et ces limites,
qui les a posées ? — Le bon sens, qui ne veut pas qu'un
talent nuise à un autre talent. Il faut quelquefois que

l'acteur se sacrifie au poète. — Mais si la composition du poète s'y prêtait ? — Eh bien! vous auriez une autre sorte de tragédie tout à fait différente de la vôtre. — Et quel inconvénient à cela ? — Je ne sais pas trop ce que vous y gagneriez; mais je sais très bien ce que vous y perdriez.

Ici l'homme paradoxal s'approcha pour la seconde ou la troisième fois de son antagoniste, et lui dit :
Le mot est de mauvais goût, mais il est plaisant, mais il est d'une actrice sur le talent de laquelle il n'y a pas deux sentiments. C'est le pendant de la situation et du propos de la Gaussin; elle est aussi renversée entre Pillot-Pollux; elle se meurt, du moins je le crois, et elle lui bégaye tout bas : *Ah! Pillot, que tu pues!*

Ce trait est d'Arnould faisant Télaïre. Et dans ce moment, Arnould est vraiment Télaïre ? Non, elle est Arnould, toujours Arnould. Vous ne m'amènerez jamais à louer les degrés intermédiaires d'une qualité qui gâterait tout, si, poussée à l'extrême, le comédien en était dominé. Mais je suppose que le poète eût écrit la scène pour être déclamée au théâtre comme je la réciterais en société; qui est-ce qui jouerait cette scène ? Personne, non, personne, pas même l'acteur le plus maître de son action; s'il s'en tirait bien une fois, il la manquerait mille. Le succès tient alors à si peu de chose!... Ce dernier raisonnement vous paraît peu solide ? Eh bien, soit; mais je n'en conclurai pas moins de piquer un peu nos ampoules, de rabaisser de quelques crans nos échasses, et de laisser les choses à peu près comme elles sont. Pour un poète de génie qui atteindrait à cette prodigieuse vérité de Nature, il s'élèverait une nuée d'insipides et plats imitateurs. Il n'est pas permis, sous peine d'être insipide, maussade, détestable, de descendre d'une ligne au-dessous de la simplicité de Nature. Ne le pensez-vous pas ?

LE SECOND

Je ne pense rien. Je ne vous ai pas entendu.

LE PREMIER

Quoi ! nous n'avons pas continué de disputer !

LE SECOND

Non.

LE PREMIER

Et que diable faisiez-vous donc ?

LE SECOND

Je rêvais.

LE PREMIER

Et que rêviez-vous ?

LE SECOND

Qu'un acteur anglais appelé, je crois, Macklin (j'étais ce jour-là au spectacle), ayant à s'excuser auprès du parterre de la témérité de jouer après Garrick je ne sais quel rôle dans la *Macbeth* de Shakespeare, disait, entre autres choses, que les impressions qui subjuguaient le comédien et le soumettaient au génie et à l'inspiration du poète lui étaient très nuisibles ; je ne sais plus les raisons qu'il en donnait ; mais elles étaient très fines, et elles furent senties et applaudies. Au reste, si vous en êtes curieux, vous les trouverez dans une lettre insérée dans le *Saint James Chronicle*, sous le nom de Quinctilien.

LE PREMIER

Mais j'ai donc causé longtemps tout seul ?

LE SECOND

Cela se peut ; aussi longtemps que j'ai rêvé tout seul. Vous savez qu'anciennement des acteurs faisaient des rôles de femmes ?

LE PREMIER

Je le sais.

LE SECOND

Aulu-Gelle raconte, dans ses *Nuits attiques*, qu'un

certain Paulus, couvert des habits lugubres d'Electre,
au lieu de se présenter sur la scène avec l'urne d'Oreste,
parut en embrassant l'urne qui renfermait les cendres
de son propre fils qu'il venait de perdre, et qu'alors ce
ne fut point une vaine représentation, une petite douleur de spectacle, mais que la salle retentit de cris et de
vrais gémissements.

groaning

LE PREMIER

Et vous croyez que Paulus dans ce moment parla sur
la scène comme il aurait parlé dans ses foyers ? Non,
non. Ce prodigieux effet, dont je ne doute pas, ne tint
ni aux vers d'Euripide, ni à la déclamation de l'acteur, mais bien à la vue d'un père désolé qui baignait
de ses pleurs l'urne de son propre fils. Ce Paulus n'était
peut-être qu'un médiocre comédien; non plus que cet
Æsopus dont Plutarque rapporte que « jouant un jour
en plein théâtre le rôle d'Atréus délibérant en lui-
même comment il se pourra venger de son frère Thyes-
tès, il y eut d'aventure quelqu'un de ses serviteurs qui
voulut soudain passer en courant devant lui, et que lui,
Æsopus, étant hors de lui-même pour l'affection véhé-
mente et pour l'ardeur qu'il avait de représenter au vif
la passion furieuse du roi Atréus, lui donna sur la tête
un tel coup du sceptre qu'il tenait en sa main, qu'il le
tua sur la place... » C'était un fou que le tribun devait
envoyer sur-le-champ au mont Tarpéien.

LE SECOND

Comme il fit apparemment.

LE PREMIER

J'en doute. Les Romains faisaient tant de cas de la
vie d'un grand comédien, et si peu de la vie d'un
esclave!

Mais, dit-on, un orateur en vaut mieux quand il
s'échauffe, quand il est en colère. Je le nie. C'est quand
il imite la colère. Les comédiens font impression sur
le public, non lorsqu'ils sont furieux, mais lorsqu'ils
jouent bien la fureur. Dans les tribunaux, dans les
assemblées, dans tous les lieux où l'on veut se rendre

maître des esprits, on feint tantôt la colère, tantôt la crainte, tantôt la pitié, pour amener les autres à ces sentiments divers. Ce que la passion elle-même n'a pu faire, la passion bien imitée l'exécute.

Ne dit-on pas dans le monde qu'un homme est un grand comédien ? On n'entend pas par là qu'il sent, mais au contraire qu'il excelle à simuler, bien qu'il ne sente rien : rôle bien plus difficile que celui de l'acteur, car cet homme a de plus à trouver le discours et deux fonctions à faire, celle du poète et du comédien. Le poète sur la scène peut être plus habile que le comédien dans le monde, mais croit-on que sur la scène l'acteur soit plus profond, soit plus habile à feindre la joie, la tristesse, la sensibilité, l'admiration, la haine, la tendresse, qu'un vieux courtisan ?

Mais il se fait tard. Allons souper.

TABLE DES MATIÈRES

GF — TEXTE INTÉGRAL — GF

5797-IX-1988. — Imp. Bussière, St-Amand (Cher).
Nº d'édition 11786. — Septembre 1987. — Printed in France.